识干家

企業閱讀　學以致用

产业园区/产业地产2
系统化经营与操盘攻略

阎立忠◎著

北京燕山出版社
BEIJING YANSHAN PRESS

图书在版编目（CIP）数据

产业园区/产业地产 2：系统化经营与操盘攻略 / 阎立忠著. -- 北京：北京燕山出版社，2021. 3

ISBN 978-7-5402-6072-9

Ⅰ. ①产… Ⅱ. ①阎… Ⅲ. ①工业园区－经营管理－研究－中国 Ⅳ. ①F424

中国版本图书馆 CIP 数据核字（2021）第 045156 号

书　　名：产业园区/产业地产 2：系统化经营与操盘攻略
作　　者：阎立忠
责任编辑：满　懿
出版发行：北京燕山出版社
地　　址：北京市丰台区东铁匠营苇子坑 138 号 C 座
邮　　编：100079
电　　话：（010）65240430
印　　刷：河北宝昌佳彩印刷有限公司
经　　销：新华书店
规　　格：170 毫米 ×240 毫米　16 开本　17. 75 印张　247 千字
版　　次：2021 年 6 月第 1 版　　2021 年 6 月第 1 次印刷
定　　价：98. 00 元

导读

2015年，笔者出版了《产业园区/产业地产规划、招商、运营实战》一书，书中围绕着产业园区、产业地产营建操盘的主要路径过程进行了系统梳理和全面解读，成为了行业从业者的一部工具书，受到了同仁及相关各界的认可好评。

至今书出版已5年，恰逢中国产业园区刚刚走过不惑之年。40余年来，无论是中国的改革开放、自主创新、产业提升转型，还是乡村振兴、城市更新、产城融合建设，产业园区都始终堪为坚实的发展载体与创新平台，发挥着不可替代的巨大作用。毋庸置疑，产业园区的建设发展与中国的社会经济发展休戚相关、同步同趋。

与园区相伴而来的产业地产同样一路高歌猛进、如火如荼。工业地产、科技地产、文创地产以及产业新城方兴未艾；地产大牌、产业巨擘以及各界翘楚纷纷整合产业资源，依托产业IP及多元的产业合作，开拓产业地产发展的广阔空间。产业地产业界可谓“乱花渐欲迷人眼”。开创中国园区历史的招商蛇口在曾经的辉煌之后正在积极探索符合新形势和适合自己的产业地产新模式，风光无限的华夏幸福在遭遇困难后冷静下来努力转型和拓展产城建设和城市更新的双轮驱动业务……产业地产行业需要领头羊，需要示范、需要引领，期盼具有时代特征的诸多新领军企业的出现。

中国产业园区、产业地产发展蔚为大观。但走入不惑之年后，特色小镇、联合办公在历经红火之后业已回归应有的营建思维与经营逻辑；城市更新、产业新城在一片热络的建设氛围中迎接着一个又一个严苛的新政颁布……面临政策调整、融资收紧、实体经济缓行、中美贸易之战、新冠疫情肆虐的重重压力，产业地产行业从拿地热、建设热的大整合式一路狂奔，渐渐进入务实与趋于稳健的理性回归，而行业整体发展亟待破局、提升与创新。

正逢此时，基于操盘营运和规划咨询的经验总结及对行业的研判思考，笔者再度撰写了《产业园区 / 产业地产 2：系统化经营与操盘攻略》一书，作为上部书《产业园区 / 产业地产规划、招商、运营实战》的续作，是对上部书实务内容的补充与完善。如果说上部书是针对产业园区、产业地产营建流程管控的梳理归纳，那么本部书侧重对园区运营商、产业地产商经营管理的研析解读，对影响产业地产项目操盘营建的重大隐性问题，即战略经营和顶层设计以及背后的管理逻辑有更多分析涉猎。本书继续遵循大道至简原则，系统化、通俗化地分析探讨业界经营管理问题，全书共分为“行业发展”“战略经营”“操盘策略”“实战推进”四个环环相扣、层层递进的篇章内容。

疫情休整期间给了笔者撰写新书的时间和机会，由于能力不足、精力有限，书中不当与偏颇之处，敬请读者原谅并指正。

园区兴、则产业兴！产业兴，则国家兴！笔者愿与产业园区、产业地产业界同仁共同努力，建设更多造福地方、引领行业、助力国家的标杆园区和产业地产示范项目。

目录
Contents

第三篇　操盘策略，优思优行优方略

第一篇
行业发展，知彼知己知大势

第一章

Chapter 1

地产下半场，园区新战场，“大运营”上场

中国城市发展的加速亟待通过园区打造新兴产业集群，带动城市产业结构调整与产业升级。以往的高新区、开发区随着中国工业 4.0 时代的到来，寻求通过汇聚创新创业要素，打造可持续型的产业生态圈，形成二次跨越发展。随着国家宏观政策的调整，房地产进入了下半场，存量地产时代逐渐到来，地产行业火爆的日子不再，探求战略转型，扩展业务领域及赋予新的拿地模式，地产商们不约而同地把目光聚焦在产业地产上……所有迹象表明，社会经济进入了新的转型发展期，产业园区再一次粉墨登场，站在了时代潮头。

一、产业与地产的经营博弈

立在潮头上，园区的投资建设者——产业地产商，一面感受到风口浪尖上的风光无限，一面却承受着风雨飘摇。说风光，近十几年来，无论是园区成为区域经济发展的引擎，还是城镇化带来的利好机会，令产业地产商 / 园区运营商成了抢手的香饽饽，尤其是具有成功案例和产业资源者更是春风得意。说飘摇，伴随经济下行和政府对园区建设标准要求不断提高，以及存量地产时代的到来，产业地产商的操盘难度、赢利难度越来越大，昔日的风光越来越难以维持。

对行业有所认知的同仁都清楚，当下，产业地产主要从地产层面的土地和建筑物业上获益，在产业层面上获益较少甚至尚未获益。但现实表明，从产业地产的本源经营逻辑到社会经济对行业的现实要求，产业层面的筹划与经营越来越被强化和提升。我们从产业新城、产业园区、城市更新、特色小镇这些产业地产的主要业务模式（产品）所呈现的势态就可以发现端倪。当下，产业新城遵循的是新城建设与区域发展同步，产业与地产兼容并蓄达成产城融合；产业园区最终形成产业集群，就是让企业进驻并获得发展，空间建设只是载体和过程；城市更新要求的不单是城市建筑外表的更新，更是产业内容装入建筑的长效更新；特色小镇的特色不仅在小镇风貌上，特色产业才为基源，才是社会鼓励的方向。

产业地产的全链条开发是构筑产业生态的基础，产业地产全链条开发离不开产业研究、产业整合、产业招商、产业投资与产业运营等诸多方面。产业，这个被社会各界关注的热词，很多时候却让产业地产商们又爱又愁。爱的是自己的地产业务多了块蛋糕；愁的是这块蛋糕更像是烫手山芋，不好即刻食用。但张江高科、星河 WORLD 等少数产业地产商 / 园区运营商的产业投资经营与获益让行业看到了曙光。眼下赚的是地产的钱，今后走产业与地产相融的路，逐渐从产业上赚钱。

“产业地产，产业为核，地产为壳；壳是现在，核是未来”，这是笔者的感悟思语与行业研判。任重道远，产业地产商们都在探求前行的出路与模式。

二、运营让产业地产向死而生

2018 年 1 月 12 日，北京发布了《北京市人民政府关于加快科技创新构建高精尖经济结构用地政策的意见 (试行)》(以下简称《意见》)，也被业内称为 39 号文。该《意见》规定，园区开发企业可以建设并持有产业用房及其各项配套服务用房，出租给入园企业，但不得整体或分割销售，不得转让公司股权。2019 年 5 月 23 日，北京市住房和城乡建设委员会发布了两个文件——216 号和 217 号文件，双文齐发，被称为“史上最严产业地产政策”。这是继北京市 2010 年开始逐渐收紧产业地产审批政策、宏观调整产业地产行业问题、提升产业发展结构之后的重大节点事件。

其实，2010 年在 216 号和 217 号两个文件之前，就有过渡性文件，规定北京产业地产可以有条件分割、销售、出让，包括股权转让，但是要部委联审。2010 —2017 年产业地产在北京虽然有政策约束，但还有空间可行。2018 年的 39 号文及 2019 年的两个文件，把北京产业地产的传统做法及游戏规则打乱了，这意味着完全禁止工业用地上任何形式的楼宇销售，包括股权转让。售卖的大门被堵死，抗风险能力差的中小产业地产商、民营产业地产商首当其冲。一时间不少业内人士喊出：北京产业地产已“死”。

北京的园区不让卖了，难道产业地产就此消亡了吗？岂能如此，但若要救活北京产业地产，首先要让园区运营商有发展空间。相对而言，北京之外，其他城市的工业用地政策一般都给园区运营商留有一定腾挪余地，保有一定市场活力。除了政策导向之外，中国产业地产历经40余年的发展，走到了一个历史转折期、一个关键时点。无论是市场使然还是监管倒逼，产业地产正从火热的“地产时代”悄然步入冷静的“产业时间”，区域政府也由原来的“土地财政”向“产业财政”转变过渡。

北京产业地产政策调整事件为全国其他城市拉响了警笛。一旦北京的调控之风向全国蔓延，真正保障园区生存下去的就是自持运营能力。政策的倒逼也促使产业园区的赢利模式、经营模式发生改变、升级，从早先开发模式转向运营模式。园区开发商以产业IP低价拿工业用地，再打擦边球在区块盖住宅的日子可能一去不复返了。应由一门心思搞定用地政策，提升到必须细心研读产业政策、投身产业资源整合和开展园区产业运营。

传统的地产行业注重高周转、快回报，是“狼吞虎咽式”的经营；而以园区为主形态的产业地产需要细嚼慢咽，拉长了建设周期与回报周期，两者之间的开发理念和营建模式存在较大差异。产业园区能够拉动经济、创造财富、带动区域，需要开发和运营形成一个完整的闭环。其中开发只是解决了园区物理载体问题，运营则是解决园区自身、入驻企业及区域发展的复合经营问题。只有通过硬件和软件的组合，形成整体的闭环经营，才能彻底解决园区发展困境。园区招商将逐渐走过拼房租优惠、拼区域税收返还和拼综合政策奖励的“三拼”阶段，因为**产业企业间的竞争逐渐升级到了产业链的竞争和区域产业生态圈的竞争，在这样的形势下，推进产城、产业金融、产学研的融合，实施园区物业、商业和产业三驾马车的复合性运营，是提升园区核心竞争力的有效方法，也是产业地产商的持续经营之道，**如图1–1所示。

图 1–1　产业地产业界就园区运营开始深度探索

园区不能售卖，产业地产已死，这是悲观者的观点，或者说死去的是那些无能的产业地产商。置之死地而后生，向模式要出路、向运营要效益，是产业地产向死而生的决绝之心与攀援之路。这一过程中，肯定会淘汰一批实力小、思路少、整合能力弱的产业地产商，这也是适者生存。**房地产正从增量时代迈入存量时代，持有型物业渐成趋势。产业地产商置身变革的社会经济与市场环境中，必须清醒地认识到：园区大运营，表面为企业而来，实则为园区自身而生。**

2019 年以来，一大批地产物业管理公司相继上市，代表着地产行业在向着精细化运营管理的时代迈进。而被称为“园区轻资产第一股”的上海锦和商业经营管理股份有限公司于 2020 年 4 月 21 日正是登陆 A 股市场，以及从事文创园经营的上海德必文化创意产业发展（集团）股份有限公司有望近期登陆创业板，这进一步透露出园区运营时代的来临。

三、园区运营要过五关，斩六将

园区运营就是对园区建设和经营过程的计划、组织、实施和控制。从另一个角度来讲，园区运营在为社会企业提供载体空间的同时，也在为企业及社区提供物业经营管理、商业配套经营和产业运营服务等全流程、多业态、多层级的综合运营服务管理，努力建成生产、生活和生态“三生”和谐的产业生态圈。我们暂且给它一个名称为“大运营”。

深耕商务园区 20 余年的亿达中国前不久表达了他们对园区一体化产业运营体系的理解与主张，提出了“开发主体互补化、政企博弈理性化、拓展布局圈层化、项目复制理念化、行业痛点政策化、招商手段信息化、园区运营智慧化、产业服务跨界化、产城融合人文化、金融工具多元化、产业投资主业化、城市更新规模化、轻资产运营品牌化、产城功能融合化、产业资源国际化”等产业地产发展趋势的总结与研判。亿达中国作为国内标杆园区大连软件园的建设者、资深的园区运营商，正是基于上述总结研判，早在四五年前即在全国开始了园区轻资产运营的探索。

产业地产的运营时代扑面而来。面对市场、政府、企业与竞争对手的多重压力，园区运营必须“过五关，斩六将”方能到达胜利大本营。先说“五关”。

1. 经营逻辑冲突之关

以楼宇销售为主导的产业地产的核心业务指标是房屋去化率以及内部收益率，而以持有物业为主导的产业地产的核心业务指标是高出租率前提下的持续现金流。显而易见，为完成楼宇销售就要做好短期行销，以达成短周期内的高去化率，至于园区运营如何并不是关键性问题。而持有物业型园区为达成一个长期理想的出租率，必须提供良好的运营服务，这样才可能持续吸引客户和长期保留优质客户。销售型的园区同样可以充实运营和提升运营，是否这样做取决于产业地产商的战略眼光和经营目标。其实，这背后是产业地产中产业与地产二元因素的深层博弈性经营问题。

2. 不解运营模式之关

沿循销售型园区的营建逻辑，不大可能把园区运营做得复合和多么深入，这是经营逻辑所决定的。持有型物业必须开展园区运营，并把园区运营搞得风生水起才可能获得更好的回报乃至寻求资产证券化路径下的资本经营。当下，虽然产业园区的运营有模式可循、有案例可见，但是真正操作推进起来没那么简单，每个园区因为行业领域、区域基础、产业生态、企业特点、自身机制与文化等情况各异，照搬其他园区的运营模式、成功经验，仍然难以达到理想绩效。如果园区自身的研究能力、整合能力、创意创新能力不给力，园区运营很可能就是一个美丽的梦。

3. 缺乏运营机制之关

产业地产商的管理体系多是沿袭房地产公司的体系，组织架构、人员配置、管理流程乃至 KPI 绩效考核都与地产公司如出一辙。产业招商职能通常合并到营销部门，而园区运营部门的设置五花八门，有的没有明确设置而成为营销部门的附加职能；有的含糊地成为物业管理部门的组成部分，甚至临时从各部门抽调二三个人“赶鸭子上架”草草应对；即使一些产业地产商明确建立了运营部门，甚至组建了运营公司，但对运营什么、怎样运营还是比较模糊。

4. 缺少运营人才之关

园区运营涉及园区物业经营管理、商业配套经营和产业运营服务的“三业”复合经营，其中最具技术含量、最具操作难度和最具潜在价值的就是园区产业运营服务。这是个杂活、难活，是复合性工作，不是传统地产人轻易干得来、玩得转的。很多产业地产商从政府挖人、从咨询机构挖人、从产业企业挖人，努力补齐运营人才的短板。即使这样，很多园区的运营也未见大起色。

5. 难以持之以恒之关

园区运营中，物业经营和商业配套经营属于常规性经营。在达成一定现金流后，基本延续这一收益，通过服务溢价、品牌溢价能够增长，但增长的绝对值是有限的。作为园区运营中最复合、最见功力、最具潜在效益的产业运营可以包含产业投资、创业孵化、技术服务、市场服务、人才服务等宽泛的延展性业务内容，其潜在经济效益并没有数值上限。但是这些延展性的产业运营服务难度大、周期长、回报慢，是习惯赚快钱的地产商们较难适应的。如果做一年、两年收效还不明显，耐不住性子的产业地产商恐怕会收缩运营业务。如此一来，留下很多遗憾。

再说“六将”。

1. 不具运营思维的将领

没有运营思维，一根筋只知道建房子、卖房子，这样的干将即使在传统地产企业，发挥的空间也会越来越小，在产业地产这种强调综合运营的领域里是不会有什么好位置和成长空间的。

2. 职业经历单一的将领

产业地产是个复合性工作，产业地产的操盘手或者职业经理的过往职业经历越复合，其思维意识和综合能力越复合，工作起来更得心应手、顺风顺水。

3. 不善政府公关的将领

传统地产与政府打交道的机会有，但绝不会像产业地产这样从投拓拿地到规划建设、再到招商运营，频繁与政府官员交往互动。政府公关能力不强，不适合产业地产的重要岗位。

4. 欠缺学习能力的将领

学习能力代表着一个人置身新领域、新工作的胜任能力。产业园区有 41 年的历史了，可到现在仍然是一个不断探索、不断创新的领域，不爱学习、不善学习干不了产业地产。正像业界常说的，产业地产是地产的高阶段位，是地产的研究生。

5. 经常照抄照搬的将领

干好产业地产就得时时有新想法、刻刻有新举措。一切照抄照搬人家的模式、思路与做法，可能能生存，但日子不会好过，甚至随着时间的推移走向苟且偷生的境地。这个不断进取的行业要求它的一众干将也需不断创新。尤其做文创园一类的园区，更需要才思泉涌、创意不绝。

6. 不能坚持不懈的将领

产业地产商如果不能持之以恒地坚持走产业与地产的融合之路，将会被淘汰；作为操盘手或职业经理，如果对复合且复杂的工作不能适应，不能坚持不懈，也肯定走不长远。

“过五关，斩六将”是园区运营面临的现实境况，其中的“五关”确实成了产业地产商难跨的“坎儿”。碧桂园建科技小镇，万科做文创园区、商务园区，这些头部地产企业及诸多转型产业地产的房地产大牌面对这“五关”都不同程度地遇到了问题甚至瓶颈。而“六将”在各个产业地产商中也不同程度地存在着，这样的“六将”制约了园区建设发展、运营管理的效率与品质。

招商解决当下，运营决定未来，招商和运营都是园区建设发展的核心要务。笔者始终倡导的园区招商运营一体化理念模式，就是要将招商和运营有效地统一起来、持续地开展下去。地产下半场、园区新战场，“大运营”上场！

2019 年中旬，笔者在参加一次地产高峰论坛后，欣然写下了**“房地产追求规模与高周转在左，推进精致与大运营在右。打造精细化的大运营体系和打破藩篱的深度跨界整合经营是未来！产业地产尤如此”**。

园区未来，靠运营而来！

第二章

Chapter 2

抓住产业地产的风口

众所周知，在社会经济文化中，每当改革发展的劲风吹过，总会打破一些旧有事物、旧有秩序，催生新兴事物、新兴模式的诞生。

近十年产业地产行业的风口，从产业新城、总部基地到特色小镇、联合办公等，每一个风口期，都会有相应的产业地产商露出尖角乃至崛起，比如定位城市运营商的华夏幸福、专攻总部基地的 ABP 公司、主打特色小镇的蓝城集团、联合办公的独角兽优客工场……行业新秀、新领军者的崛起，让非风口中的一些老牌行业领军者光环淡去甚至呈现萎靡状态。**风口是新陈代谢、是改朝换代，抓住了风口可以乘势而上。每一次风口中涌现的佼佼者在春风得意的兴奋中还必须保持警醒，一次风口的胜利崛起不代表永远红旗飘飘，追求组织与产品的持续创新与创意的态势，让自己在未来的竞争中保有特色与优势，此乃经营之本。**历经风浪坚守行业潮头，不仅时刻准备在下一个风口到来时不被刮倒、不被抛弃，而且紧紧抓住风口，一起呼啸、风驰前行。

风口总会有，按照社会经济发展趋势和产业地产经营状况，笔者认为今后一定时期内产业地产业界还将刮起阵阵劲风，这些火烈之风应该包括：产地融合联姻风、园区文旅协同风、存量园区经营风等。

一、产地融合联姻风

政府主导的风口不好预测，站在市场的角度预判行业未来，可以预想到产地融合联姻风将风生水起。在地产大发展和多元化经营的趋势下，产业与地产对向融入，产业方与地产商的合作不再停留在用地和使用园区楼宇的基准层面，双方合作将更加深入和全面，产业方与地产商彼此参股或者出资共同组建园区投资公司、产业地产公司甚至科技公司，才是追求价值最大化、经营多元化、资本扩张化的上佳途径与模式。

其实，产地融合联姻风早已显现，如 TCL 与招商蛇口、启迪控股与协信地产、康佳与华侨城、中集与碧桂园、中国电子与光谷联合等，一方主做产业，一方主做地产，两方“喜结连理”，达成长线业务与短线业务的拼接，慢钱与快钱的补合，双方原有的产业园区业务也会实现扩张和补强，如图 2–1 所示。**产地融合联姻风是产业方与地产商的资源互补与优势互补，好比异性相吸、两情相悦、各取所需。**而碧桂园全资投资机器人公司、恒大倾力投入新能源汽车产业，将产地融合的模式极致放大，具有代表性。

图 2–1　TCL 与招商蛇口合建示范园区 TCL 国际 E 城

随着产业地产行业竞争加剧，产业与地产合体联姻的趋势会愈加显现，产地融合联姻风也夹杂着产业地产并购风、园区运营并入风，例如启迪协信投资并购恒生科技园、华夏幸福入股火炬孵化等。**风风火火、轰轰烈烈，这风火背后自有奥妙，归根结底是针对稀缺资源的整合与占取以及对运营短板的补强。资源即产业资源和土地资源，这是产业地产、产业园区的生命线，不能有效地整合产业资源和土地资源，就无法占据行业竞争的有利位置，无法持续推进产业地产业务，甚至被行业所抛弃。**借助产地融合联姻风，产业方获取了稀缺的土地资源及日后的园区物业资产，地产商获取了难得的产业资源、产业 IP，能够借此拓展更多的土地和赚取地产赢利，甚至投资进入非地产板块的产业领域以寻求多元化发展，彼此间双赢共进。

二、园区文旅协同风

眼下特色小镇的风口渐缓，但特色小镇基于“生产、生活、生态”三生原则建设乡野产业小镇的理念模式值得产业地产商认真对标研究。各方面的迹象显示，以产业集群为诉求的文创地产、科技地产与以民生文化为诉求的文旅地产正在相互借鉴和彼此融合，园区文旅协同风将临风而起。

文旅地产的终端泛客群为社会大众，它需要聚集文化元素、打造文化调性、突出文化卖点，“生活与生态”的元素在文旅项目上聚集和体现得十分突出，文旅项目自带文娱性和休闲性，更加讲求“吃喝玩乐”，但不同文旅项目的文化调性不同、消费定位不同、产品构成不同。

文创园、科技园的终端用户是相关产业企业，园区营建是让企业人、职场人集聚进驻园区，从事办公、研发和生产作业，它的核心功能是产业集群和产业经营。园区的本质属性在“生产”，无论是科技园、文创园还是工业园、物流园，这一点毋庸置疑。可是，随着产城融合理念和产业生态理念的倡导践行和园区演变发展的现实之需，“生活与生态”逐渐成为产业园区需要引入的要素和达成的营建条件。一个没有便捷生活、没有绿色生态的园区逐渐会被社会所忽视至淘汰。有生活、有生态很大程度上是让园区从满足园区人基本的食住行及商务需求到逐渐达成身心的放松休养，追求高效工作与安心生活的双重境界。产业园区借鉴文旅地产的营运理念和特定方式，从营建具备商业配套和文化配套的园区，到努力营造园区的文化氛围与场所精神，因循“产业园区 + 文化社区”的模式打造新型生态园区，这已成为天津智慧山科技文创产业基地、深圳星河 WORLD 等一些标杆园区率先探索尝试的途径与模式，如图 2–2 所示。（有关多元融合的内容请参见《产业园区 / 产业地产规划、招商、运营实战》一书中的《科技园，科技不是唯一》一文）

顺应时代发展，文旅地产需要汲取地方文化给养并运用先进科技手段，赋予文旅项目丰富多彩的内涵和别具一格的外在形象。以往科技公司和文化公司多是文旅项目的配套服务商，助力文旅项目达成形式与内容的完美统一。产城融合、科技与文化融合、商业与文化融合的跨界发展趋势，让提供科技体验与文化体验功能的科技公司、文化公司在助力文旅项目建设经营的同时，一不留神也成了文旅项目中的一抹亮色，如图 2–3 所示。

图 2-2　天津智慧山科技文创基地的特色山丘广场

图 2-3　杭州梦想小镇集创业基地与文旅观光于一体

伴随园区文旅协同风，以产业园区、特色产业小镇为代表的产业地产（狭义）与文旅地产绑定的日趋紧密，“产业 + 旅游”成了一种时尚趋势，“科技体验 + 文化感受 + 身心休养”的营建理念让“文创园 + 城市文旅”“农业园 + 乡间文旅”“工业园 + 工业旅游”变得越来越普及和热络。

三、存量园区经营风

房地产存量市场正加速来临。地产行业从增量时代向存量时代的转变，使得楼宇从传统钢筋水泥的实体空间，转变成为研发办公、灵活居住、商务娱乐等场景下提供服务的载体——复合经营的新空间。而消费行为的改变升级和技术的快速变革，为新空间创造了无限可能与探索机会。与此同时，早已蓝海变红海的产业地产行业，有诸多产业园区由于各种原因招商不力、经营不佳，前途未卜，正在寻求新的生机。基于这样的形势，存量园区的经营更加重要和紧迫。

存量时代下头部房企均十分重视存量资产的布局，多数都成立了商管部门或产投部门来管理旗下存量物业或拓展市场上闲置存量物业，力求通过布局存量资产获取长期稳定的收入，让营收结构也更加多元。截至 2019 年上半年，TOP 30 强上市房企均不同程度地布局存量物业。具体来看，除了购物中心、写字楼、酒店等商业物业最受房企青睐外，长租公寓或服务式社区公寓也颇受房企欢迎，而房企对文旅、康养、产业园、物流商贸等产业型物业也均有所布局；且伴随商业物业经营难度的增加，各大房企在产业型物业布局的力度与规模也在增加。

说到存量物业、存量地产，自然离不开城市更新。城市更新是地产存量时代的选择。深圳、北京、上海、广州等一线城市和二线发达城市的城市更新业务如火如荼，很多城市趋于破旧的存量物业经过改造更新后，摇身一变成了光鲜亮丽的文创园、研创园等灵动办公和创意商务的聚集区，北京 798、北京朗园、上海 M50、上海德必、广州 TIT、成都太古里、武汉汉阳造等众多存量物业改建的园区都成了区域的一道风景线。同样利用存量物业打造创业社区、青年社区的优客工场、氪空间、苏河汇、YOU+ 国际青年社区等也掀起了一股小型存量物业的复合经营潮。

城市更新项目的前期投入较多、产出期较长，所以投资方 / 运营方本身的规模和综合实力非常重要，同时需要有强大的产品设计能力、资源整合能力、内容运营能力。能够纯熟把控城市更新业务者，多数都是复合的地产商和园区运营商。在城市更新中被称为“旧改之王”的佳兆业，在文体、科技、金融等各个领域都大力拓展，充分整合社会资源与产业资源。而且城市更新业务通常具有很强的地方属性，需要了解本地文化、尊重当地生活方式，并具有非常广泛的地区公共关系。各地也不乏头部房企打造城市中心型园区的案例，例如招商蛇口的深圳南山意库、万科的上海哥伦比亚公园、金地的深圳威新科技园等。

除了以上的风口，笔者预判还将出现飞地建设拓展风、专业园区打造风、园区复合运营风、轻重资产结合风、智慧园区建设风等。产业园区 / 产业地产风口频频，临风而上、抓住风口，把握动向与机遇，成为阶段周期的风中舞者。而在风口经历无限风光之后，必须洞洞惺惺，理性认知、基础夯实、自我强壮，无论是否身处下一个风口，孜求健康前行、持续发展，方可为业界真正佼佼者。

第三章

Chapter 3

产业新生态：小镇与新城

由浙江兴起的特色小镇引领、带动了全国范围内的小镇营建热潮。早在 2016 年 4 月，浙江印发的《省政府关于加快特色小镇规划建设的指导意见》中提出，将重点培育和规划建设 100 个左右的特色小镇，建设一批产业特色鲜明、生态环境优美、多种功能叠加的特色小镇，坚持产业、文化、旅游“三位一体”和“生产、生活、生态”融合建设发展。

浙江的特色小镇规划面积一般控制在 3 平方公里左右，建设面积一般控制在 1 平方公里左右。而与小镇具有相似性的产业新城的建设规模通常要超出此范畴。有关信息透露，华夏幸福公司前几年在全国扩张建设产业新城时，与浙江政府多次沟通商洽，但由于华夏新城的用地规模大，双方没有顺利达成合作。

据国家统计局数据显示：2018 年末，我国城镇化率达到 59.58%；2019 年，中国城镇化率突破 60%；预计到 2035 年，中国城镇化率有望达到 70% 以上，接近世界发达国家水平。有关信息表明，中国的城镇化率没有出现刹车的迹象，正在举步前行。这意味着国内的产业新城建设在一定时期还将呈现跃马扬鞭的态势。

相对于农村郊野的城镇化，在城市中心的主战场上演着另一大战役——规避“城市病”，建设新城区。所谓“城市病”，是指人口过于向大城市集中而引起的一系列社会文化问题，表现为城市规划和建设盲目向周边摊大饼式地扩延，大量耕地被占，使人地矛盾更加尖锐。“城市病”表现为人口膨胀、交通拥堵、环境恶化、住房紧张、就业困难等，将会加剧城市负担、制约城市化发展，以及引发市民身心疾病等。特别是城市出行时间较长，因交通拥堵和管理问题，城市会损失大量的财富，无形中浪费了能源和资源，不利于城市的长远发展。

新经济形势下，产业新城建设、产城融合会有什么样的新趋势、新特点？当下的形势，从区域经济和产业经济的发展角度看，都在强调围绕本土的综合基础做出自己的产业特色和产业链群。**其实，特色小镇的融合发展原则同样反映产业新城的建设趋势，就是前面所说的“三生”：生产、生活、生态。这三个词六个字概括了我们产业新城、产**

城融合的重要特点，即产业新城首先形成产业集群、产业提升，这是核心、是基底；同时必须形成完满的生活配套服务、商业配套服务、社会配套服务，从而建成具有持续发展能力的区域产业生态体系。

产业新城必须围绕几个主导的产业链去打造产业集群，同时不仅要打造产业链，还要打造系统化的、围绕产业而形成的丰富多元的产业生态体系。笔者研析认为，“三生”进而可以演化为“五宜”，即“宜产”“宜创”“宜商”“宜居”“宜游”，如图 3–1 所示。

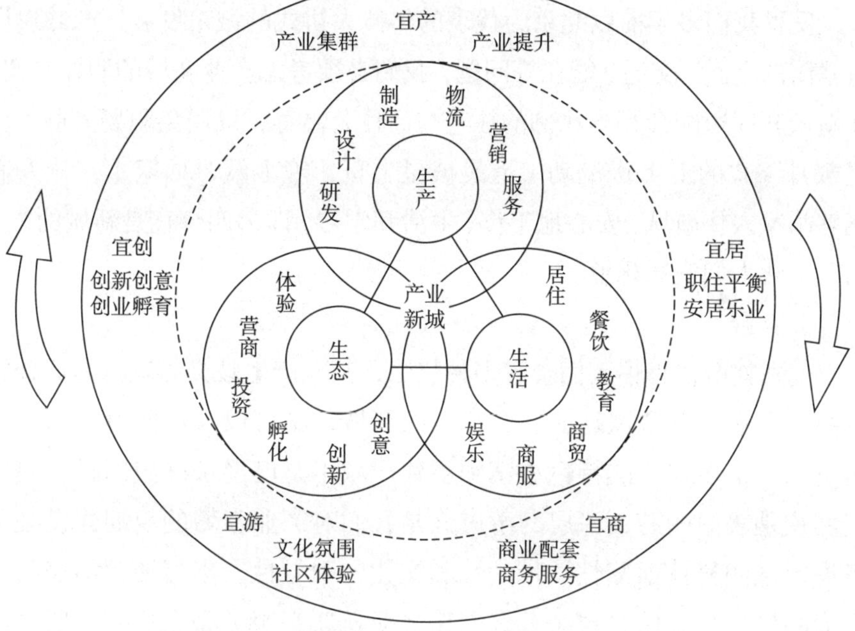

图 3–1　产城规建从“三生”到“五宜”的演进

1. **宜产**

毋庸置疑，产业新城的发展核心是区域形成产业集聚，尤其是打造有龙头企业带动的新兴产业集群，促进与带来区域转型提升和社会经济发展，所以居于主导的、首位的显然是“宜产”。

2. **宜创**

产业集群、产业转型需要依托一定的产业基础，离不开产学研的基础性工作，也需要创新创业的良好氛围，所以这第二个宜就是“宜创”，适宜创业、适宜研发创造、适宜创意萌发与创新发展。

3. 宜商

从产城融合角度讲，新城必须具有 24 小时工作生活所必需的商业商务配套，即社区配套这可以让人们在紧张的工作之余有丰富且便利的商业消费、文化消费，同时满足外来临时性商务人群的商务需求，即第三个宜，为“宜商”。

4. 宜居

反思我们多年前以北京为代表的、摊大饼式的城市发展、产城建设所暴露的空间、交通、能耗等问题，我们必须考虑产业新城的职住平衡，在新城和周边配套相当比例的住宅与商住公寓等，以避免职场人群“披星戴月”式的上下班流动（清晨披星上班，晚上戴月回家），让人们能够举家入住新城，安心地工作、生活和学习，即第四个宜是新城的“宜居”，让人们安居乐业。

5. 宜游

说到宜游，恐怕人们会有多种想法，甚至产生歧义。宜游是适合旅游吗？当然，一个漂亮的、有亮点的新城，是可以、也值得人们参观游览的。很多知名的特色小镇和新建产城不是已经被踏破门槛了吗？其实这是表面的游，深层的游应该是我们对产业新城的规划建设必须考虑区域的科技前瞻性、带动性和文化的引导性、丰富性，不仅区域招商和聚集相宜的科技企业、文化企业及新兴服务型企业，还要打造新城的新文化调性与高科技属性，利用现代技术手段，突出打造特色文化品位、品质与品牌，让区域拥有独到的文化体验和科技体验，形成体验文化、体验经济。如此这般，新城绝对是一个丰富多彩、让人流连忘返的魅力产业新城。

滨海新区作为国家级的产业新区，着力打造区域的软环境与创新创业氛围，不断加大文化设施的配套建设。

滨海新区图书馆（新馆）既是滨海新区公共文化服务体系的重头戏，

也是滨海文化中心多种业态的重要构成部分。图书馆（新馆）是由荷兰 MVRDV 建筑事务所与天津市城市规划设计研究院，以及其他专项团队共同设计建造的城市新型图书馆。新馆坐落在滨海文化中心东侧，总建筑面积 33700m^2，中厅设计取意“书山有路勤为径”，并有“滨海之眼”的形象构筑，“滨海之眼”的设计构思表达了一种愿景——“你在我眼里，我在你心里”。这两个特色建筑单元匠心独具，提升了图书馆的文化品位与场所精神，被社会各界广泛认同和赞许，不仅成了区民、市民学习交流的学习园地，而且成了国内外书友、网红的打卡之地，如图 3–2 所示。

图 3–2　滨海新区图书馆成了书友、网红打卡地

产业新城建设的“五宜”原则，其实隐含着地产行业和园区运营商的发展机会。“宜产”的产业集聚特性，让产业新城继续成为主打制造加工的工业地产（无环保和能耗等问题）和主打研发办公的科技地产的投资建设沃土，而三四线城市的产业新城给拥有新型商业模式和先进技术支撑的物流园区留有一定机会；“宜创”让一二线城市的产业新城保持科技园区和文创园区的高热；“宜居”“宜商”自然为传统地产商保有住宅与商业地产的建设机会，但是政府越来越要求地产商（包括头部地产商）要从产城融合层面筹划、拿取综合用地并夯实产业用地建设；“宜游”则为成熟的、高端的文旅地产商开启一扇窗。

【案例】北京通州城市副中心建设没有“城市病”的新城区

2017年9月13日，党中央、国务院批复的《北京城市总体规划（2016—2035年）》，要求高水平规划建设北京城市副中心。规划提出将城市副中心建设成为国际一流的和谐宜居之都示范区、新型城镇化示范区、京津冀区域协同发展示范区。规划提出，到2035年初步建成国际一流的和谐宜居现代化城区，成为低碳高效的绿色城市、蓝绿交织的森林城市、自然生态的海绵城市、智能融合的智慧城市、古今同辉的人文城市、公平普惠的宜居城市，如图3–3所示。

图 3–3　北京通州副中心（城区）整体规划图

据悉，“引导城市副中心建设走上一条可持续发展的道路，建设一个没有‘城市病’的城区”成为北京通州副中心的建设准则。通州副中心将更合理地确立城市布局和结构，将人口密度控制在0.9万人 / 平方公里以内；优化生产、生活、生态空间结构，40%是生态空间；建立更良好的职住关系，将产业用地和居住用地比例从现在的1:1.3调整到1:2，到2035年达到平衡，基本实现在副中心工作、在副中心居住；鼓励功能兼容和复合利用，就近满足居民工作、居住、休闲等需要；完善住房体系，建立完善的住房保障体系和商品住房调控体系；加强与公共交通耦合，实现居住区与重点功能区轨道交通一次换乘可达，如图3–4所示。

建设通州副中心，下一步要制定控制性详规实施工作方案和重点任务清单，制定三年行动计划。要继续深化规划设计，以重点工程为抓手搭建城市骨架。抓好行政办公区后续工程建设；规划建设约 11 平方公里的城市森林公园，规划建设剧院、图书馆、博物馆三大文化设施；大力推进北京环球影城主题公园、运河商务区、城市副中心站综合交通枢纽建设；推进“通州堰”分洪体系建设；建设六环路入地等重要工程。

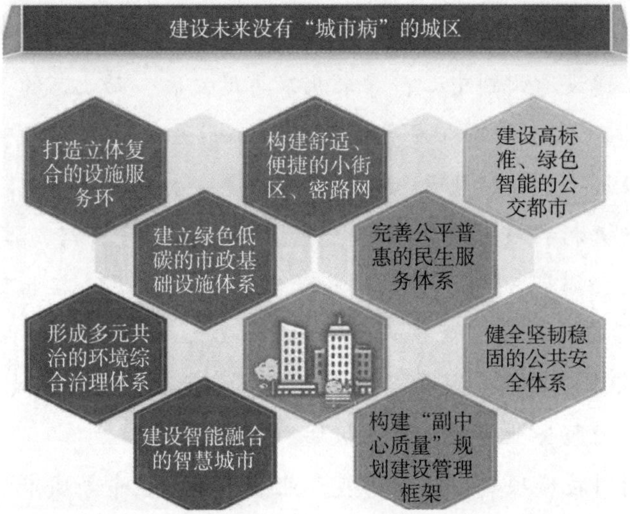

图 3–4　北京通州副中心规避“城市病”的建设筹划

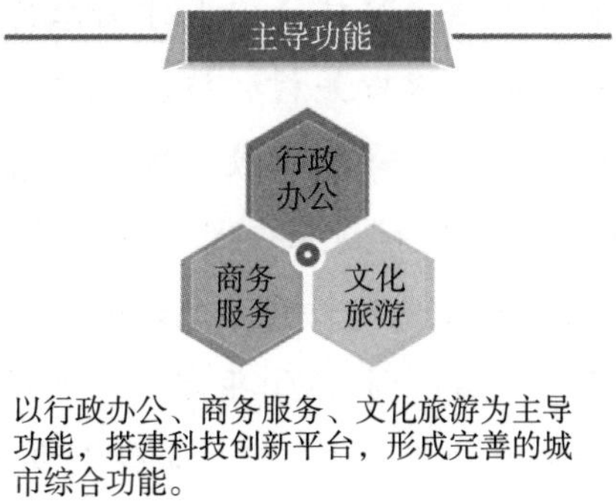

图 3–5　北京通州副中心的复合性城市功能

通州副中心要聚焦行政办公、商务服务、文化旅游和科技创新等功能，着力优化营商环境，构建高精尖经济结构，如图 3–5 所示；构建大尺度水绿空间，实施主要河道景观提升，特别是水环境治理工程，在城市副中心外围预留生态廊道和绿带；全面加强历史文化保护，建设汉代路县故城遗址博物馆、挖掘运河文化；切实提高城市副中心管理水平；着力保障和改善民生；积极推进与廊坊北三县地区协同发展，2019 年后将有一系列对接，交通、产业、设施等措施届时会陆续公布。

【案例】京津（宝坻）中关村科技城：产城融合新典范

北京在建设通州副中心，寻求北京再度发展，而北京的另一块金字招牌——中关村也在寻求发展的新路径、新区域。在京津唐的交界地天津市宝坻区，中关村又开始书写浓重一笔，共建京津中关村科技城。

京津中关村科技城总体规划占地面积 14.5 平方公里，建设周期 15 年，开发运营周期 30 年，预计总投资额约 1100 亿元。在北京以外尝试了中关村倡导的科技园区“六位一体”规划，找准自身定位，统筹开发管理。京津中关村科技城重点发展能源互联网、新材料、先进装备制造和生产性服务业等四大产业板块。

中关村科技城项目不同于一般产业园，秉承“中等城市”的建设标准，打造一个产城融合的示范区，建成后相当于一个中等城市，科技城项目不仅包括产业园区，还囊括了住宅、学校、医疗、商业、文化场馆、绿地景观等配套设施。科技城以人才需求为导向，打造符合现代人居的优质生活圈，是京津中关村科技城人才战略长远规划的重要部分。科技城从商业配套、一贯制学校、医院的引入等方面匹配优质资源，着力构建宜居宜业的创新创业热土。

据悉，京津中关村科技城的建设发展规划分为四个阶段。第一阶段，计划通过承接北京产业外溢，到 2021 年实现产业的快速集聚；第二阶段，计划到 2025 年形成产业人口 2.5 万、常住人口 2.4 万的产城融合集聚区；至第四阶段，京津中关村科技城将在 2035 年建成一座生产、生活、生态融合，多元功能复合共生，拥有12万产业人口和7.5万常住人口的新城。

作为京津冀三地“2+4+46”平台的15个协同创新平台之一，京津中关村科技城志在打造北京制造业转移的重要承接地和中关村科技成果转化与产业化基地，促进京津冀产业升级。北京市科学技术研究院计划在京津中关村科技城建立北科高精尖产业技术研究院天津分院，北京市科学技术研究院副总工程师鲍矛介绍，天津分院将于2020年春季开工，通过近三年建设，200名到300名副高以上职称的科学工作者和工程技术人员将会常驻宝坻工作，届时分院年产值可达5亿元，年利税5000万元，为宝坻增加800个就业岗位。

如今，产业新城承载着区域的未来希望。前瞻定位与建设规模决定了其一旦出手亮相就是恢宏巨制、波澜壮阔的大手笔。产业新城的规划与建设从“三生”到“五宜”，让我们明晰了产城融合建设发展的基本原则、主导内容与发展路径。不管怎样，充满勃勃生机的产业新城可以这样描述：企业乐于投资在那里、创业在那里、生意在那里，人们乐于工作在那里、居住在那里、娱乐在那里。换成一句话：快乐工作并幸福生活在那里！

第四章

Chapter 4

寻觅“众创空间”的空间

伴随“大众创业，万众创新”政策的实施，大江南北一派沸腾，青年创业如火如荼。众创空间应运而生，政府主导的、大学建立的、园区附属的……一时间，众创之火成燎原之势。各界人士不甘寂寞，前万科副总裁毛大庆毅然决然地辞职，创建了优客工场；地产“老顽童”潘石屹兴致盎然地做起了 SOHO 3Q；腾讯、京东、阿里巴巴的众创空间粉墨登场……以中关村创业大街、深圳湾创业广场、杭州梦想小镇、苏州金鸡湖创业长廊等为代表的众创空间集聚区，已成为区域创业文化高地和创业地标。

我们知道，中国的第一家孵化器——武汉东湖新技术创业中心诞生于 1987 年 6 月，至今已 30 余年（有关孵化器的内容，请参考笔者上部专著《产业园区 / 产业地产规划、招商、运营实战》）。多年来，在科技部火炬中心认真有序的管理下，孵化器大有进展、成绩令人瞩目。孵化器也有着标准化的准入管理体系，一些非政府主导的孵化器管理者也曾对孵化器规范的审核和阶段性报验（工作考核报表）有些微词，认为过于严苛和认真。其实，这正说明了孵化器严格准入和规范化管理的可赞之处。按照科技部门有关人士的解读，众创空间的功能是孵化器的前段功能，更侧重于种子孵化阶段，为初期创业的小团队、个人（甚至不是公司状态）提供办公空间和综合服务；而孵化器更为有一些基础的创业团队提供空间和服务，偏重服务于成长期的小微企业。众创空间可以理解为一种初期的、宽泛的、灵活的孵化器。当然，众创空间是中国的原创概念，而孵化器最初是借鉴效仿美国模式。

据来自科技部火炬中心的消息报道，至 2018 年年底，全国的孵化载体达到 11808 家，其中国家队孵化器 4849 家，众创空间达到 6959 家。数字着实值得庆贺，可二者的数字对比更为我们所关注，30 多年历史的孵化器数量比不上 5 年历史的众创空间数量。一个行业、一种产品（或服务）发展得过快容易伴生问题。眼下，众创空间的营建热潮在逐渐淡去，各个众创空间在强化探索经营的同时，也在思考持续发展的模式与营运之道。

一、众创空间的问题及其规避

众创空间的出现给我国社会经济发展带来了诸多利好。

√ 解决了创业早期孵化难题，形成了从创意到产业的创新创业服务生态；

√ 众创空间促进了创业与创新的有机结合，推动实体经济转型升级；

√ 众创空间推动了全社会的创新创业氛围，成为引领我国创业文化发展的主阵地；

√ 众创空间顺应科技革命时代浪潮，形成科技服务新业态。快速发展通常隐含着诸多不成熟与不规范的问题，譬如：一些地方的众创空间一哄而上（甚至是为了获取政府奖励政策），没有搞清楚众创空间经营的真正机理内涵，缺乏健康可行的商业模式，经营发展不可持续。那些没有搞懂模式、没有持续赢利能力的众创空间迟早被迫结束。笔者曾经从事过科技管理工作，也曾在科技企业耕耘磨砺，在之后的产业园区建设运营中还专门建立管理过孵化器和众创空间。依笔者个人的看法，一个众创空间是否良性发展，主要看是否具备如下六个基本条件。

1. 降低创业办公成本

有业内人士曾经到访了北京、上海等城市的数个众创空间，了解到不少众创空间的办公工位租赁价格并不划算，普通创业者难以承受，“与其说是众创空间，不如说是大咖空间”。众创空间的首要条件就是让腰包不鼓的创业者节省费用，办公空间的成本尽可能地低廉，甚至部分免费。

2. 落实创业基础服务

没有创业服务或者嘴上有、实质无的众创空间就是在欺骗人。从最基础的工商注册、项目路演到政策宣介对接、投资基金对接是必不可少的，至于其他的市场推广、人才中介、科技咨询等一系列创业服务，应该联合社会中介服务机构最大努力地开展。

3. 形成抱团取暖效应

创业个人或者创业小团队在残酷的创业期通常的感受是失望，既然众创空间聚集了一批走在寒冬的创业者，就应该营造温馨的氛围，打造温暖的交流互动平台（思想交流、业务交流、信息交流等），让创业者及圈层人士能够手牵手、心连心地相互鼓励、相互扶持，共同奔向美好明天。

4. 提升企业经管能力

众创空间通过丰富多彩的培训活动、专家咨询、创业导师一对一帮扶等服务，尽快帮助创业中的“菜鸟们”掌握经营管理知识与经验，以便于他们在商务合作、法务处理、市场推广、技术研发、财务管理、团队管理、经营风险规避等方面全方位提高经营管理能力，丰满自己的羽翼。

5. 提供成长发展机会

创业者们在寒冬之夜亟待看到清晨的曙光，他们在自我奋斗的同时，特别需要所在的众创空间提供融资机会（天使基金、VC、PE）、市场机会，尽早获得资金、扩大产品销售，走出寒冬之夜。帮扶创业者的投融资、市场推介等服务工作是有相当难度的，但正是因为有难度，才体现了众创空间的存在价值、运营水准及行业高度。

6. 自身具备赢利能力

众创空间不仅为创业者做嫁衣，也应该为自己添衣增利。官方背景的众创空间或孵化器（更多的是早期的创业中心），有财政支持，吃穿不愁，相对轻松地做创业孵化；企业创建的众创空间或者说民办的众创空间则必须考虑持续经营问题，自家不保，何谈给人家送饭做衣！

二、众创空间的经营模式

在政府给予众创空间百万级（各地不等）的创建补贴后，几年下来，恐怕那些“混世”的众创空间已然囊中羞涩，这种“泥菩萨过河”的日子何谈创业孵化！**现实中，众创空间两极分化的现象日益明显，一**

边是秋风秋雨愁煞人，一边是春风得意马蹄疾，有模式、有业绩、有品牌的众创空间跃然走来。下面让我们看看当下众创空间的主流经营模式，以及一些有代表性和知名度的众创空间的范例。

1. 项目投资模式

【案例】苏河汇“投资 + 孵化”模式

苏河汇是2012年创立于上海的一家天使投资机构，专注于互联网 / 移动互联网等TMT领域的早期投资。苏河汇采用“投资 + 孵化”模式，一年两次(3月和9月)，每次投资20个创业团队，为每个团队提供50万元的种子投资(换取10%股份)并邀请其参加为期6个月的育成计划。6个月后，会对其中最好的5~10个团队追加80万元至300万元投资。五年来，苏河汇孵化了500多个项目，投资了其中的150个，有3个已在新三板上市。

随着“双创”环境不断优化，市场上的项目、投资人都越来越多。苏河汇为在孵企业搭建更大的平台，在自己投资的基础上，开始为在孵企业撰写跟踪报告，定期发送到投资人手中，方便投资人在海量项目中更早关注到有潜质的项目。凭借这一机制，入驻苏河汇的创业项目获得投资的比例高于市场平均，反过来，这也让苏河汇的孵育空间始终很紧俏。

2015年10月，苏河汇率先获得新三板批复，成为国内众创空间第一股，“持股 + 孵化”模式获得资本市场认可。其后，苏河汇上海新增的100多家众创空间大多数采用“孵化 + 创投”模式。而苏河汇近两年的年利润均以十倍速度增长，下一步意欲向主板进军。

【案例】创新工场，严谨流程优选种子项目

创新工场(Sinovation Ventures)由李开复博士创办于2009年9月，是一家致力于早期阶段投资，并提供全方位创业培育的投资机构与创业平台，旨在培育创新人才和新一代高科技企业。创新工场通过针对早期创业者需求的资金、商业、技术、市场、人力、法律、培训等提供一揽子服务，帮助早期阶段的创业公司顺利启动和快速成长。同时帮助创业者开创出一批最有市场价值和商业潜力的产品。创新工场的投资将立足信息产业最热门领域：移动互联网、消费互联网、电子商务和云计算。

创新工场在遴选项目上对市场、财务、法律、管理等指标评鉴有着规范、严谨的标准和流程，被业内推崇。创新工场的基金来自全球顶尖的投资者，目前共管理三只美元基金和两只人民币基金，总规模超过 12 亿美元（约合 80 亿元人民币）。迄今为止，投资超过 300 个项目，帮助了一批创业公司成功创业。

2016 年 2 月，创新工场成功登陆新三板。2016 年 9 月，创新工场完成了 45 亿元人民币 (6.75 亿美元) 的融资，在创业核心城市深圳的华南总部正式开业。

2. 复合生长模式

【案例】优客工场——让平行世界的人相互遇见

优客工场在国内联合办公领域声名显赫，由知名地产人士毛大庆发起，红杉资本、真格基金、创新工场、亿润投资、清创科控、诺亚财富等多个投资机构共同投资，国内多位知名企业家联合创始成立。自 2015 年创办以来，已经在全球 30 个城市落地百个项目，为 5 万余名创业者及 3000 余家创新企业提供物理化空间与虚拟网络相结合的全方位创新生态平台服务。

据悉，场租收益目前占到优客工场总收益的 90%。但对于优客工场未来的赢利路径，毛大庆坦言还有其他四条路要走。

第一，生态圈的股权投资。优客工场投资了约 20 家公司，包括了教育、传统、加速器及体育互联网 + 等多个领域。通过股权投资加大了联合办公的服务生态，增强了每一个投资板块之间的强连接，但同时也享有股权收益。

第二，流量搭载。每一个办公桌就是一个入口，每一个入驻企业都可以通过优客工场的平台互倒流量。对于目前已入驻的近千家企业来说，其中粉丝或用户数超过 1000 万的企业已有几十家，而优客工场就是一个流量的综合体。通过搭建平台，进行撮合交易，对流量进行变现近在眼前。

第三，品牌加盟与管理输出。除了加盟管理费，大量企业用户的数据沉淀下来会更快地扩充数据库，而加盟业务会让发展更快更轻。规模化的扩张已经可以覆盖更多的管理成本。

第四，关于优客工场最核心的商业模式，毛大庆卖了个关子：“只能说，最终加盟的不仅是店，也不是简单的数据和人，我们还会加盟很多的资产。而联合办公是很有可能出现千亿元市值的公司，这可能不比千亿元开发商小。”

优客工场不仅仅是物理意义上的共享经济，所有入驻优客工场的企业、个人，以及服务商、投资机构还共同形成了一个商业社交平台，资源、人脉、信息得到高度共享，如图 4-1 所示。

图 4-1　优客工场的经营理念

2017 年 4 月，优客工场与洪泰创新空间共同宣布，双方已正式签署战略合并框架协议，扩大后的公司总体估值将达约 90 亿元人民币，中国共享办公领域迄今为止最大的一起合并交易就此诞生。2017 年 9 月，优客工场 · 丽湾雄安项目的正式启动，标志着第一家联合办公企业在雄安新区落户，将吸纳和集聚创新要素资源，培育新动能，与雄安发展新区建设同频共振。

2019 年 12 月 11 日，优客工场向美国证券交易委员会提交了招股书，计划在纽交所上市，股票代码为“UK”。截至 2019 年 9 月 30 日，优客工场在中国及新加坡共布局 197 个联合办公空间，提供 72700 个工位，管理面积超过 60 万平方米。

根据优客工场招股书数据可知，2017 年、2018 年、2019 年前三季度，公司净收入分别为 1.67 亿元、4.49 亿元、8.75 亿元人民币，增幅显著。尤其是今年第三季度，优客工场单季营收达到 3.88 亿元，环比第二季度的 2.92 亿元增长 33%，与上年同期相比，增幅达 86%。招股书显示，优客工场靠“两条腿”走路，当下已经建立了一个完整的逐渐成熟的经营模式：“一条腿”是空间运营业务，分为直营和轻资产两种模式；“另一条腿”则是建立在空间运营基础上的非空间业务。2017 年和 2018 年，优客工场最主要的收入来源还是办公空间会员服务的收入，占比超过 85%。但到了 2019 年前三季度，其办公空间会员服务的收入，以及非空间收入均超过了 4 亿元。优客工场非空间业务增长迅速，在总营收中的占比已经与办公空间会员费收入基本持平。

2020 年 11 月间，优客工场完成与特殊目的收购公司 Orisu n Acquisition Corp. 的业务合并，优客工场正式以 SPAC 登陆美国，纳斯达克市场其交易代码为“UK”，优客工场也因此成为“联合办公第一股”。

3. 垂直孵化模式

【案例】中科创星专注于“硬科技”垂直孵化

成立于2013年的中科创星是国内首家光电子国家专业化众创空间，由中科院西安光机所联合社会资本发起成立，作为国内首家中科院背景下“硬科技”领域垂直孵化器，聚焦人工智能、基金技术、航空航天等硬科技领域的孵化投资，致力于让科技成果不再“束之高阁”，而是真正为社会经济做贡献。中科创星不断完善孵化体系，打造以“研

究机构 + 天使基金 + 孵化器 + 创业培训”为一体的科技创业生态网络体系，探索“人才 + 技术 + 资本 + 服务”四位一体的科技成果转化及服务模式，设立了中国首个专注于硬科技成果产业化的天使基金——“西科天使”基金，致力于共建全球第一的硬科技创业生态体系，为硬科技创业者提供全方位的一站式服务。

中科创星旗下还管理着包括西科天使一期 & 二期 & 三期基金、陕西省大数据产业基金、先导光电集成基金、军民融合基金、中科院成果产业化基金等多只基金，总规模超过 40 亿元人民币。截至 2017 年 12 月，已经累计孵化了 224 家硬科技企业，涵盖人工智能、航空航天、生物技术和大数据等前沿科技领域，其中 7 家挂牌新三板。

中科创星是“硬科技”理念的缔造者，并于 2017 年策划举办了“2017 西安全球硬科技创新大会”。

4. 地产商附属模式

【案例】潘石屹玩起联合办公 SOHO 3Q

2015 年 2 月，SOHO 中国总裁潘石屹闪亮推出共享办公产品 SOHO 3Q，推出这个产品的目的，是要把社会上闲置的、积压的、利用率不高的房子，通过互联网的技术和平台充分地利用起来，也就是将写字楼办公室以短租的形式对外租出去，预订、选位、支付等所有环节都可以在线上完成。客户可以租一个办公桌、一个独立办公室，可以租一个星期、一个月，可以随时随地手机上预约、付款，还可以享受餐点、咖啡、复印打印等商务服务，主要为创业者提供办公服务。

SOHO 3Q 是移动时代的办公，运用 O2O 模式，即线上 Online、线下 Offline 的双向结合，和网上购物类似，从选房、订房到付款交易，每个环节都在网上进行，为流动人群提供 O2O 模式的办公场所。

在潘石屹看来，这里不仅仅提供办公空间，更是一个创业者交互的平台，由于办公空间的开放性，创业者之间可以沟通、交流，从而刺激灵感、达成合作等，为创业者提供一个良好的创业氛围和平台支持。

截至 2017 年 8 月，SOHO 3Q 经过两年多的发展，共享办公空间的规模不断扩大，已在北京、上海拥有 19 个中心、17000 多个工位。到 2018 年 6 月，SOHO 3Q 全国拥有中心 31 个，工位数达到了 30000 个，主要分布在北京、上海、杭州、南京、深圳、成都、重庆等一二线城市。

业界对 SOHO 3Q 一直有多种声音，有不少人质疑 SOHO 3Q 在经营定位、企业孵化、入驻成本等多方面存在问题，指出 SOHU 3Q 只是潘石屹为 SOHU 找了个新 IP 而已，SOHU3Q 自身不大可能长久持续经营。2019 年 10 月，据 PropTech 研习社消息，SOHO 3Q 将旗下 11 个项目打包卖给筑梦之星，收购的 11 个项目在北京和上海两地都有，但上海居多。SOHO 3Q 的模式和经营状况的确有待观察。

【案例】华夏幸福旗下太库科技，致力全球孵化与创新集群

华夏幸福基业旗下的太库科技成立于 2014 年，旨在打造全球领先的创新产业孵化器运营商。以科技为导向，依托专业的孵化器运营和全球化布局优势，致力于成为全球科创企业跨越式发展的优质服务商，如图 4–2 所示。

太库通过自身搭建的全球化网络实现整合和优化配置，持续为企业提供真正基于“全球化”的创新服务，成为初创企业技术商业化的导师，为高成长企业进入中国等主要市场搭建桥梁，并着力打造全球性的 Techbook 线上科创合作平台。

太库科技已在全球创新活动最为活跃的硅谷、柏林、首尔、特拉维夫、赫尔辛基，以及中国的北京、上海、深圳、固安、香河、大厂等设立孵化器 30 家，人工智能、大健康和新材料 3 个垂直加速器，通过整合全球范围内的“产、学、政、金、研”五维资源，聚集全球优势创新要素，结合区域自身特色，为区域定制专属创新集群。

产业生态系统需要一个产业链上的协同发展，太库探索产业的协同创新，并为创新驱动发展注入新动能。太库致力于“做专业化的产业孵化器运营商”，其倡导的孵化器双创理念，所关注的焦点不再是场

地上的联合，而是通过全球范围内智力财力和技术等创新要素的资源融合，从新材料、大健康和人工智能三大产业入手实施孵化。通过对行业精准的分析，太库科技将平台企业聚焦在人工智能、大健康和新材料/新能源三个领域，以“孵化—加速—产业园区落地”的“三步走”模式，缔造专业孵化体系。

“布局全球，获得优势创新资源”是太库国际化路线的基础。为此，太库科技从成立之初，就选择从国际高端前沿切入，构建遍布全球的创新孵化网络：在以色列、芬兰等地，太库实施创新生态移植战略，将当地的研究机构、非营利组织、大学、加速器、跨国公司资源整体导入，已经在嘉善签约建立了中以大健康示范基地；在韩国、德国等地，太库积极参与当地政府主导的创新项目，已成为多个政府机构的官方合作伙伴；在美国、俄罗斯等地，太库深耕大学、科研院所等产学研源头，积累人才、专利和项目资源。有了资源，“太库模式”开启为企业和集群发展提供动能、拉高势能的全新尝试。政府资源之外，太库与全球研究院所，如斯坦福大学、普林斯顿大学等开展深度合作，参与到创新产业集群的打造中，并与50余家地方投资机构合作，为初创企业提供融资服务。

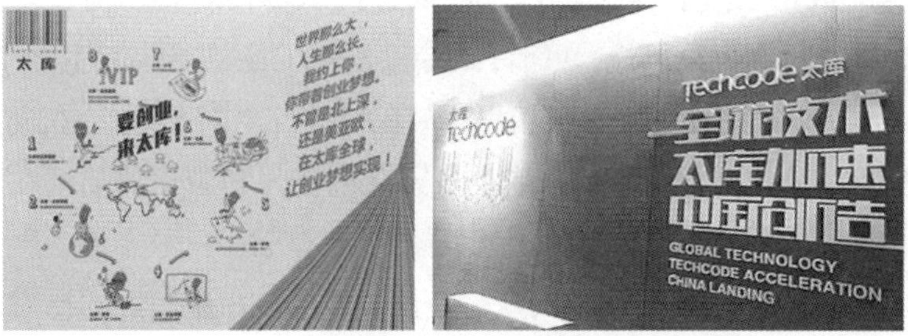

图 4–2　太库文化墙上的经营理念与宣传语

内外扩展兼顾，太库科技协同华夏幸福在中国的京津冀、长三角和粤港澳地区建立创新产业集群，帮助国外创新企业在中国寻求客户，获得政策支持，成功进入中国市场。来自美国旧金山的影能科技在太库入驻后，其中国地区的销售额翻了三倍。太库在华夏幸福的发源地河北固安打造产业孵化器标杆，并与政府共同研究探讨新型结算方式。太库固安产业孵化器由“实体孵化器＋产业基金＋创新产业集群”组成。固安智能网联汽车创新产业集群通过打造“一院、一基地、一平台、一镇”的产业生态体系，打通集群上下游产业链条，形成生态系统级的创新产业集群。此外，太库科技协同华夏幸福香河产业园区与香河县政府，合力打造智能家居创新产业集群。经过调研，太库决定专注于大健康主题，通过将现有家居产业与大健康相结合实现产品的升级。

太库科技依托华夏幸福在全球布局的 50 余个科技创新平台和 40 多座产业新城，共同建立了“孵化器—加速器—专业园区—产业新城”的高新技术创新应用完整体系。

未来，华夏幸福与太库将打造科创新经济作为园区发展的重要方向，太库独角兽中心从战略意义上而言，与这一方向高度契合——华夏幸福提供硬件与相应的配套设施，太库则通过独角兽中心向独角兽企业持续提供专业化服务，用创新服务为园区和区域经济赋能。

以上案例中的众创空间 / 孵化器或专注项目投资孵育，或主打联合办公服务，或探求复合生态经营，或推进技术转移对接，梅雪争艳各有千秋，假以时日再论风光。目前，北京“创新工场”“宏福孵化器”“科技寺”“赢家伟业”、上海“苏河汇”“莘泽”、广东“新基地”、杭州“东部软件园”、安徽“合肥高创”等十多家众创空间和孵化器陆续在新三板成功挂牌，为国内众创空间和孵化器的经营撑起了一片蓝天。

相对而言，依附于地产商的众创空间 / 孵化器在赢利上的压力比较小，毕竟地产商目前的核心赢利模式不在于此，而众创空间对地产商及其项目的资源整合和品牌叠加称得上是居功至伟。至于各地近年来出现的一大批“二房东”式的众创空间，如果没有更好的复合经营模式，恐怕在未来的日子里命运多舛。笔者也曾遇见过以“二房东”模式专对大学生提供创业服务的众创空间，主要收入来源是依靠大学生创业奖励政策获取的人员补贴金，账面经营算得颇为精准。这种经营模式要看政策的脸色来度日，政策一旦风吹草动，经营将有云泥之别。

众创空间各自寻觅着属于自己的驰骋空间。**众创空间与孵化器一脉相承，众创空间与孵化器的运营管理实质上就是精简版的产业园区/产业地产的运营管理。**很多产业地产开发商、产业园区运营商采用全周期产业基地建设模式，在建设中把孵化器或众创空间当成标配产品，那就更应该探究其中的经营奥秘与诀窍，而不能只是摆个孵化Pose了。

第五章

Chapter 5

飞地园区，飞来金凤凰

飞地园区源于飞地经济。所谓“飞地经济”，是指两个相互独立、经济发展存在落差的行政地区打破原有行政区划限制，通过跨区域的行政管理和经济开发，实现两地资源互补、经济协调发展的一种区域经济合作模式。

笔者在 5 年前的上一部专著中，就关注和强调了飞地园区对区域产业转移、产业协同，以及园区行业发展的特殊作用。如今再次提及飞地经济、飞地园区，是因为社会经济发展到今天，某种程度上一些区域和城市间的经济发展梯度进一步拉大，以北京、上海、深圳等发达城市产业外溢为特征的区域产业协同发展效应愈加显现，飞地经济对区域和国家的社会经济发展的作用巨大。它让欠发达地区乃至落后地区寻找到了一种发展模式，看到了经济发展的希望。这同样给产业园区的建设拓展增加了诸多机会。

2017 年 5 月，国家发展改革委、国土资源部、环境保护部、商务部、海关总署、工商总局、质检总局、统计局八部门联合印发了《关于支持“飞地经济”发展的指导意见》，明确支持不同地区发挥比较优势，优化资源配置，促进要素自由有序流动。近年来，一些地区打破行政区划界限，创新跨区域合作模式，探索政府引导、企业参与、优势互补、园区共建、利益共享的“飞地经济”合作，取得了成效。

早在 2011 年，在广东省政府推动下，深圳和汕尾共建深汕特别合作区，在多年缺乏有效发展后，广东省政府决定把深汕合作区管辖权完全交给深圳，至此，深汕合作区由双城共管转化为深圳独家管理，变成了深圳的飞地。到目前为止，深圳已经完成了深汕合作区所有的管辖体制变更，按照深圳的说法，这里已经成为深圳的第 11 区。站在资源合理配置的视角，这种飞地模式显然具有前瞻性和巨大发展潜力，它能够在不改变敏感的城际土地行政权属前提下，最大限度地实现政府间的巨量土地使用空间整体转让，达到土地资源和产业运营的绝佳整合。

发达城市将把各自城市先进的发展理念、产业、投资、人才、管理带过去，飞地实现快速发展过程中，必然对周边地区产生积极而深远的影响。飞地经过若干年的运转后，事实上将和周边地区互动交融，城际的行政管制边界概念将得到实质性的弱化，城市群、城市带的整体发展态势将更加彰显。

【案例】厦门与安溪借“飞地园区”双赢发展

2015 年，厦门与泉州安溪县达成合作，在安溪南翼新城启动思明园建设，园区规划控制面积 7188 亩，首期建设 2300 亩，总投资 20 亿元人民币以上。园区按照“低碳、智慧、宜居、宜业、宜游”产业定位，重点培育电子信息、新能源、新材料、现代物流等战略新兴产业，同时鼓励引进食品、鞋服、厨卫等有发展基础的传统优势产业，全力打造成为厦门产业转移承接的载体，如图 5-1 所示。

图 5-1　厦门与泉州安溪县共建飞地园区

安溪南翼新城思明园区通过飞地模式建设，采取财税“五五分成”的合作模式，厦门留住了税源，安溪拓展了税源，企业破解了用地、用工成本高等问题。该模式进一步提升了安溪与厦门两地的 GDP、工业产值及固定资产投资增量，实现了企业与两地政府的三方共赢。此外，飞地园区的财政收入还可享受到省级部分五年内全额返还的优惠。合作区自产生财政收入之日起五年内，厦泉两地年终结算分回收入中涉及省级 20% 体制分成部分，将全额返还用于园区滚动发展。安溪与厦门虽然地理条件和城市层级不同，但是彼此要素禀赋却可以取长补短。这种飞地经济模式，实现了双方 1+1 ＞ 2 的效用最大化，堪称可持续发展的共赢园区模式。

【案例】全国唯一地震灾后重建园区——成阿工业（飞地）园区

成阿工业园是成都市和阿坝州两地合力打造的汶川地震灾后重建项目，是全国唯一的地震灾后重建园区，也是四川省第一个“飞地园区”。阿坝州位于四川省西北部，紧临成都平原，北部与青海、甘肃省相邻，东南西三面分别与成都、绵阳、德阳、雅安、甘孜等市州接壤，是四川少数民族自治地方中距省会城市最近的地方。成阿工业园占地面积达 15 平方公里，已批准为省级开发区，并列入四川省培育成长型特色产业园区（1525 工程）名单。

成阿工业园兼顾有效利用阿坝州政策优势和省会成都市人才、技术、资金等资源优势，大力发展节能环保、电子设备、装备制造、新能源汽车等产业，不仅为阿坝州带来较为可观的财政收入，还大量吸纳阿坝州劳动力就业，实现两地及经济效益和生态效益双赢的发展格局。投入机制上，成都市和阿坝州按 6 ∶ 4 的比例进行前期投入；利益分配上，2009 年至 2018 年，成都市和阿坝州按 3.5 ∶ 6.5 的比例分享，2019 年起按 4 ∶ 6 的比例分享。经过 8 年发展，成阿工业园目前已基本成熟，基础设施建设基本齐备，园区累计签约引进巴莫科技、杭州士兰、康力电梯、上海同捷等重大项目 117 个，协议总投资 319.9 亿元。

【案例】嘉善—庆元—九寨沟，三地抱团共建飞地产业园

嘉善—庆元—九寨沟飞地产业园项目总投资约 2.6 亿元，项目总规划面积 300 亩，首期 73.6 亩，于 2018 年 11 月 8 日开工。项目按照德国工业厂房风格整体规划设计、整体建造，由九寨沟县和庆元县共同出资成立的九庆产业投资有限责任公司负责建设。项目建成后，计划引进德国为主的欧美高端装备制造、精密机械和科技人才项目，打造德国小微企业创业园和全国性的飞地产业先行先试示范基地，如图 5–2 所示。

图 5–2　嘉善—庆元—九寨沟飞地产业园加紧招商建设

作为山海协作结对县和东西部扶贫协作结对县，嘉善、庆元和九寨沟三地这几年的合作交流越来越密切。如何破解发展中遇到的难题，帮助结对县的经济薄弱村和贫困村脱贫攻坚，嘉善县探索出了一条“精准扶贫”的新路径。这项工作有机地把山海协作和东西部扶贫两项工作结合在一起，采用嘉善县原有的“飞地抱团”模式，把给予县经济薄弱村的这个政策红利，由两个结对县一起共享。将九寨沟的建设用地指标飞到县，有利于提高九寨沟县单位土地产出率，大大增强了九寨沟县经济社会发展的能力和“造血”功能。三地飞地产业园一期项目建成后的前五年，九寨沟 48 个贫困村、庆元 130 个经济薄弱村预计每年共可得到约 2600 万元的保底收益。园区正式投产后，预计亩均销售不低于 600 万元，亩均税收不低于 40 万元，并优先招用庆元县、九寨沟县劳动力，进一步推动三地经济发展。

一二线发达城市的土地资源十分稀缺，某些城市的工业用地指标已很难放出，而很多欠发达地区有地无产业、有园无企业，区域招商难、产业集聚难。采取飞地模式，筑新巢、引金凤，发达城市与欠发达地区达成土地空间与产业转移的紧密合作、彼此共赢。发达城市由于空间、成本、环境等原因产业外溢，生产与研发部门可以优先外迁到飞地，而在发达城市、中心区域保留必要的业务辐射和企业形象功能的总部。许多存在产业空心化、产业匮乏症的特色小镇（产业新市镇）也可以成为飞地，承接外溢产业；中心城区孵化的项目如果无须在城区，本着降低经营成本、扩大生产作业空间的目的，也可以转移到飞地园区。

目前，各地区飞地园区基本是按照以下几种形式建设推进的。

一、同省或同市之间的“富帮穷”

飞地园区的建设通常是在同省、同城的职权管辖范围内进行的两个区域之间的紧密合作，这两个区域在经济状况和区位交通上存在着差距，即发达区域、中心城区与非发达区域、非中心城区的产业协同合作，是“富哥哥帮扶穷弟弟”。在统一的管辖权内，土地管理、财政管理、产业管理一切好商量，毕竟都在一个“大家庭”。

二、跨省之间对口支援协作帮扶

如果飞地园区跨越了省份，这基本是属于国家东西部对口帮扶、区域对口支援等特殊背景关系，否则这种跨地域的产业合作在财政税收等诸多政策上较难协同管理。需要强调的是，这种跨省份的飞地园区建设不能一味地出于特殊官方原因为建设而建设，要就两地的产业基础、产业资源、社会资源、市场状况等进行研究论证，找寻具备生产条件、降低生产成本及综合费用、达成区域市场流通的产业领域（项目）进行转移对接。而像前述嘉善—庆元—九寨沟飞地产业园，更是一个多地合作探索模式，其不同以往的是将飞地园区建设在相对发达地区（相对飞地的合作方而言），在工业用地指标划转、产值税收、用工上进行了有益的尝试探索。

三、跨区域相同产业基础“一对一”

除了上面两种常见的飞地园区形式外，还有一种飞地园区应该会越来越受到关注，就是具备相同产业基础的跨区域“一对一”飞地园区营建。比如随着经营成本的增加，广东的陶瓷生产转移到同为陶瓷之乡的江西，建立相应飞地性质的陶瓷基地；东部城市的一些食品加工企业转移到农副产品原材料丰富的西部地区来生产并建立食品工业园，这些不一定是官方的行为，往往是基于市场化经营而自发形成的另一类飞地园区，在财税政策管理等诸多方面也不可与官方背景的飞地园区同日而语。

飞地经济的重要作用日益显现，国家发展改革委、国土资源部、商务部等八部门联合颁布的《关于支持“飞地经济”发展的指导意见》进一步推动了各地飞地园区的建设进展，为经济相对落后地区提供了发展机会，给区域带来了希望。飞地园区符合社会经济发展和园区市场发展的现实之需，这也给园区运营商、产业地产商带来了值得期待的拓展空间和发展机会。

飞地经济带来地方性工业园、农业园及商贸园的建设机遇。多数欠发达区域围绕科研来建设高大上的科技园并非现实之举，工业园和农产品种植、加工、物流一体化的农业园（基地），以及商贸物流园通常是更符合区域需求的园区类型，飞地经济的茁壮发展给这类园区的营建带来了机遇与利好。

专业化园区运营商凭借运营能力获得拓商机会。飞地园区的逐渐增加和经营提升，为专业化园区营建能力强且具有一定品牌知名度的园区投资商、运营商提供了前景广阔的市场空间及拓展机遇。相关企业应把握趋势与风口，乘势而上。

飞地，无限希望之地。飞地园区作为“富哥哥拉上穷弟弟”携手致富、共同发展的途径与营运模式，对于欠发达地区是难得的补强机会，甚至是弥足珍贵的翻身机会。通过飞地园区建设营运，欠发达地区筑了一个与众不同的“巢”，引来的是“金凤凰”，并带起身边的“群鸟”共赴美好前程。飞地园区的建设发展将迎来阳光明媚的春天。

第六章

Chapter 6

那些充数的产业地产商，滥竽还能吹多久

每个行业都存在一批游走边缘地带的非入流企业，它们或找不到鉴往知来的战略经营方向，或拿不出像模像样的产品与服务，或拢不住精明强干的经营管理团队……产业园区、产业地产领域同样存在着这类边缘游走者，它们当中有的设想把以往积存的土地“换个马甲”就可堂而皇之地转型产业地产了；有的寄托自身在实业上的品牌积淀来一个华丽转身、圈地盖楼兼做园区地产了；有的把自己闲置的厂房 / 楼宇包装打扮一番就粉墨登场变为创业孵化园了；有的把自己的区域打上一个产业标签就摇身一变换作特色小镇了……

近几年来，产业地产一路火爆，行业中老兵新军人头攒动、良莠不齐。滥竽充数的典故我们少时都知悉，300 个人一起吹竽，只要做好身形、对好口型，不管吹出何等音色，暂可招摇过市、混世一隅。不承想，行业蓝海逐渐变红，行业洗牌悄然将至，产业地产各路诸侯将面临一场惨烈的战场洗礼。

笔者曾经在北京的行业论坛上讲过当下产业地产、产业园区行业正从调整期向裂变期过渡。经过熯天炽地的裂变期之后，行业座次基本排定，实力强弱分明，各自“山头”与势力范围相对稳固；行业中弱小的单位或消亡或转型或被并购；在相当长时期内，市场跟随者、补缺者想再次出头冒尖的机会锐减；新的领军者、搅局者不是不可能涌现，而是其搅局和再上位的机会成本显然走高、难度陡然加大。

时事在变，置身产业地产的江湖，不得不拿出一等一的真才实学，真刀真枪地干上一番，产业地产行业中那些“起大早赶晚集”一直没摸出门道的、混迹多年始终没做出像样园区项目的、“挂羊头卖狗肉”只图让地卖房而对产业运营不闻不问的……越来越似滥竽充数者。产业地产的竞争环境日益紧迫和艰难，发达城市的良好地块少之又少了，优质产业资源已然是“一女多求”，政府政策扶植的口袋越扎越紧，这等形势，好手尚需奋力一搏，滥竽充数者怎还吹得下去？

延展开来说，作为一个产业地产商，能够走多远？准确回答这样的问题是有难度的，用简单的文字也不可能描述清楚。但我们可以从产业地产商的内外部发展因素来品评其经营发展的潜力，预判其未来。

笔者的思考聚焦于五个内因与五个外因的共同作用，将决定产业地产商的成长之路与进阶发展前景。“5+5”的内外部因素，理想的状况是内外兼修，相反的状况则是内忧外患。

一、五个内因条件：先天基因与后天努力

决定产业地产商经营发展状况的五个内因条件包含战略模式、管理机制、人才团队、资金实力和企业文化，如图 6-1 所示。其实，这也是企业经营管理普遍面临的内在问题，企业的发展既被企业先天基因（基础）所束缚，也将受企业后天努力的影响带动。

图 6-1　影响产业地产商经营发展的内部因素

1. 战略模式

产业地产商的战略经营模式，亦即商业模式，不管是自我创新还是拿来主义，或者是拿来再创新，其商业模式关系到企业的终极目标、发展路径、赢利模式和经营方略，这些是必须有的，哪怕模式不完善、不成熟。早先没有模式尚可理解，因为行业处于摸索阶段、处于发展的混沌期；而之后还没有一定的战略经营模式，那就纯属“狗头戴砂罐——乱碰乱撞”了。

2. 管理机制

有了战略经营模式，还必须有与之配套的企业管理机制。这通常涉及企业组织架构、综合管理体系、业务流程管控、经营绩效考核等。

良好的管理机制将保障产业地产商的创新探索实践和高效率经营运转，并支持项目团队的全面开拓和招商运营业务的有效推进。

那些管理完善、流程规范的传统房地产企业在转入产业地产后，虽然具有较好的管理基础与优势，但产业地产的经营管理既宽泛又深入灵活，必须对以往的管理理念与管理机制进行调整，否则经营绩效将打折扣。业内有一些规模大、知名度高的房地产商在产业地产经营管理效能上并不如一些规模小、知名度低的企业，管理机制的适应性问题是一个主要原因。

3. 人才团队

人才是第一资源，是企业发展的决定性因素。有了精尖人才，组合好精英团队，才会梳理出好的战略模式，建立好的管理机制。产业地产是极具跨界思维和创新逻辑的复合型行业，对复合型人才求贤若渴，尤其需要高屋建瓴的精英高管和摧城拔寨推进战略业务执行的中层干将。

2017 年，碧桂园攀升为房地产头牌企业。这期间，碧桂园启动千亿元布局科技小镇计划，进军产业地产势头不减。能够让新晋龙头闯入难操持的产业地产领域自有诸多原因，业内评说碧桂园敢于参与产业地产，也得益于碧桂园多年的人才战略、人才储备。2013 年，碧桂园开始的“全球 30% 硕士、70% 博士”招聘计划，以及后来的“未来领袖”计划，让其储备和锻炼了一批学历高、能力强的精英人才，这也让碧桂园启动特色小镇新业务有了底气。

苏州高新区在 2016 年、2017 年举办“产业地产管理人才特训营”，从园区招商、产业运营、综合服务等方面开设实务课程，强调理论结合案例，意在增强高新区管理团队的感性认识与理性认知，提高全员招商能力、运营技能及服务技巧。事实表明，以指导实战为目标的综合培训成效显著。如图 6–2 所示。

图 6–2　苏州高新区常年举办产业地产人才训练营

4. 资金实力

产业地产、产业园区这一长链条经营、长回报周期的特殊行业领域，对产业地产商的融投资能力和现金流经营都是考验。如果资金实力有限，资金链条不具备，融资能力也不强，那么经营起来将会捉襟见肘、步履维艰。在这一点上，不论行业后起之秀还是业界前辈都可能遇到严重问题。

5. 企业文化

同各行各业一样，企业文化的作用往往被产业地产商所忽视。产业地产通常被业界称为有情怀的事业，对产业地产商来说，就是要做有文化的企业，更准确地讲，就是要有良性的企业文化，这一点是非常关键的。企业文化通常被称为老板文化，老板的情怀不够、老板身边核心管理团队的综合素养欠佳，也很难干成像样的产业地产和园区项目。业内资历较深、对国内产业地产有较多了解的朋友应该知晓，早期曾经活跃在产业地产界并有上市背景的一些工业地产公司，如今在业界也只是个传说而已。究其原因，是企业文化不支持公司的长远发展。

二、五个外因条件：经营大环境与发展运势

决定产业地产商经营发展状况的五个外因条件，包含地产与产业地产的契合度、产业对产业地产的支撑度、区域化经济发展的集约度、社会与产业地产的融合度、政府对产业地产的认知度，如图 6–3 所示。内因往往可以通过自身努力去调整改变，外因是客观外界环境，不受个体所控制。但每一个产业地产商及相关单位都是产业地产大环境的参与者和构成者，共同作用于大环境、泛生态，同时也被环境和生态影响带动，甚至因而具有了特别的机会与时运。

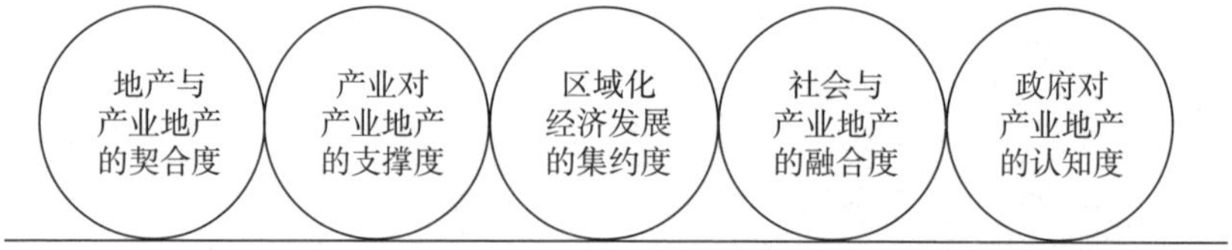

图 6–3　影响产业地产商经营发展的外部因素

1. 地产与产业地产的契合度

产业地产是地产的一个重要分支和组成部分，在经营模式、操盘方略、赢利回报等诸多方面与传统地产存在着差异。宏观来看，产业地产在复合型经营上较前些年有了长足进步，但过多依赖地产开发经营的现实并未完全改观。产业地产既发轫于地产，又要跳出地产，不断碰撞、不断蜕变。无论怎样，传统地产与产业地产契合得越好，行业发展得越顺畅、越迅猛。

2. 产业对产业地产的支撑度

产业地产，产业为核、地产为壳。这是笔者多年前即强调的观点（在前一部书《产业园区 / 产业地产规划、招商、运营实战》中笔者有过专门介绍），也是业界的共识。脱离产业，产业地产将无以为继。近些年来，产业经营在产业地产总体业务构成中的比重越来越大，人们普遍感知圈地盖房的事情相对简单，产业规划、产业招商、产业运营更是产业地产开发建设的工作核心和工作难点。近年来，产业精英与地产大牌

的“联姻”合作日益普遍和频繁，可以说，产业与地产绑定得越密切、融合得越无痕，对产业地产行业及产业地产商的发展促进越是有利。

3. 区域化经济发展的集约度

产业地产商拓展拿地的区域城市，如果经济发展良好、产业结构合理、科技创新活跃、民营经济火热，那么对产业地产商的经营发展是个利好。如若区域的土地财政和房地产经营已不再是区域经济发展的重要依托，区域在向集约式发展转型过渡，那将是更加美好的事情。这样的城市区域，其社会经济发展向好，基本上是国内的优质城市区域，肯定会被许多产业地产商瞄上，跟进者往往趋之若鹜，此地的行业竞争难免加剧。

4. 社会与产业地产的融合度

产业地产规划建设推崇产城融合，笔者在**园区、新城建设中也特别强调和遵循产业、商业、物业的三位一体。产业园区实质上是一个宜产、宜创、宜商、宜居、宜游的产城社区、产商综合体**。产业地产、产业园区项目需要与社会各行各业形成共享互动，各类社会资源、社会政策越贴近园区，社会文化配套越丰富完善，园区越容易向好、取得成功。

5. 政府对产业地产的认知度

政府官员倘若对产业地产、产业园区有比较全面、深入的了解，甚至深谙产业地产经营之道，这对产业地产商来讲，肯定是把双刃剑。一方面，官员对产业地产商的审视评鉴势必严苛，忽悠型的产业地产商很难入这类政府官员的法眼；另一方面，专业度颇高的官员反而会对产业地产商的经营难度更加理解，其支持和帮扶更加准确到位，双方在园区招商运营上容易形成良好的互动协同关系，彼此共赢发展。

产业地产商的发展轨迹与经营前途取决于“5+5”内外因条件的综合状况。回到本文的问题，那些滥竽充数的产业地产商，究竟还能吹竽多久呢？抛开宏观社会经济发展及政策因素等，笔者认为滥竽者存在的时限主要取决于如下情况条件。

● 滥竽者可吹到地产大牌把自己的商业模式夯实之前。因为一旦模式趋于成熟且有一些亮眼的园区 / 新城样板项目，这些地产大牌就可以到各地拓展建设园区 / 新城了，这时的产业勾地不只是勾地，勾地连带着有效的产业植入和复合经营，如此情境下，滥竽者充数的机会就会微乎其微了。

• 滥竽者可吹到产业大牌把产业园区真正作为战略投资方向之前。因为产业大牌一旦将园区纳入核心或准核心业务，产业地产不再只是附属品或多元化的一个增长点，依托雄厚的产业基础，发挥"产业 + 地产"的资源整合优势，或许对产业地产同行造成碾压式的压制，而滥竽者首当其冲将成为被碾压的对象。

• 滥竽者可吹到优秀的中小产业地产商和园区运营商达成规模化的扩展营建之前。因为目前多数地方性的中小产业地产商、园区运营商还是在本地区建设经营有限的园区项目，但其中的佼佼者在逐渐扩展地域、增建项目，有模式、有经验、有人才、有成功案例，让这些市场磨炼出来的园区强者更受各地欢迎和推崇，如此这般，滥竽者的生存机会愈加渺茫。

• 滥竽者可吹到非发达区域政府官员的眼力和耐力练成之前。因为发达城市的官员一般见多识广，不会轻易被滥竽者所蒙蔽，某些非发达城市往往是滥竽者侵入的主要区域。而非发达城市的官员历经磨难，一旦练就了火眼金睛且不再急功近利、不再追求表面政绩，滥竽者自然失去了土壤、现出了原形。

面对扑面而来的行业裂变与行业洗牌，如果你还是一个庸庸碌碌的充数者，虚张声势地吹着自己的竽，一个声音将在你的耳边悄然响起：收拾收拾，洗洗睡吧！

第七章

Chapter 7

新冠疫情给园区的警示与启示

2020 年初，全国人民在喜迎春节的当口，一场猝不及防的新冠肺炎疫情打乱了所有人的节奏，让中国经济被迫按下了暂停键，产业园区 / 产业地产与诸多行业一样都遭受了重创。痛定思痛，这场新冠疫情给了我们哪些警示和启示？疫情及后疫情时代，产业园区 / 产业地产将经历怎样的变化趋势？园区又该如何应对？通过分析，笔者认为产业园区 / 产业地产在区域产业协同、空间建筑规划、新兴产业聚集、线上线下招商、园区运营服务和智慧园区建设等六个方面呈现变化，即疫情下的“六化”。

一、区域产业布局协同化

本次疫情暴露了区域经济发展及产业聚集高度集中化所带来的城区人口密集、园区人员聚集在新冠冲击下的隐患与风险。多年来我国各地的城市化进程不断加速，突发的新冠疫情让我们从另外的视角冷静审视产城建设，审视城市群发展和产业链集群发展背后的问题，基于“双群”发展战略，应该更加科学理性地筹划区域产业协同发展和产城建设，围绕中心城市，以及核心产业聚集区推进产业的合理布局，做到产业及人群的有合有分，达成从区域产业核心到周边区域产业配套及外围产业延展的协同效应和可持续发展模式，这当中更关注社会医疗等配套服务。

园区可以主导自己的产业规划定位，而区域产业协同不是单单靠园区就能做好的。产业布局、产业协同应该是一个区域、一个城市的政府主管机构才可以筹划和调动的，它可以是区域城市的产业主管部门，也可以是产业新城、开发区等管委会，需要在一个产业发展、产业转型升级、城市空间建设规划的整体框架下，具体指导、规划乃至监管区域内产业园的产业规划定位和产业招商集群，避免区域内各个产业园区的产业过于雷同、空间建设过于集中。当然，这也对管理机构提出了更高的要求且需要真抓实干。

二、园区建筑空间低密化

疫情下人们怕扎堆、怕频繁接触、怕空间狭小密闭，高容积率的写字楼短板顿现。而低密度、低容积率的园区显现出它的特别优势，私享生产（办公）空间、独立电梯、独立空调系统，以及室外更开阔的绿地等园区建筑特点会更增添安全感与愉悦感。因为此次疫情，未来园区的空间建筑规划与建筑配套标准势必会加以改进和完善，如图 7–1、7–2 所示。

图 7–1　低密度的园区建筑产品

图 7–2　轻松惬意的花园式办公环境

三、引入新兴产业效用化

在疫情中，运用大数据获取各地人员流动情况及传染风险，发布疫情实时动态信息；通过 5G 实现新冠重症病人远程诊疗；利用 5G 云端智能机器人帮助医护人员执行导诊、消毒、清洁和送药等工作；基于北斗系统的高精度定位设备火速驰援武汉火神山、雷神山医院建设，确保工地大部分放线测量一次完成；应用区块链技术加强疫情采集监测、身份信息管理……新兴技术取得了很好的实际应用，这场疫情背后是高新技术的集中应用和比拼。

在以往园区招商推进中，迫于企业考核和政府要求的双重压力，招商常常是为招而招。各个园区为完成招商绩效，不管三七二十一，企业能进来就不错，往往对引进企业的品质有所忽略。新冠疫情提示我们，疫情后园区产业招商与产业聚集不但要关注产业领域及新兴产业的概念，更要关注新兴技术的实用性与市场化、产业化前景，为好技术、好产品、好项目提供更好的园区发展平台。关注并研究产业与产业链，不是所有的大数据企业都能应用数据，不是所有的人工智能项目都能智能生产，不被项目表面的产业光环所诱导，努力引进品质和效用更高的产业项目，尤其是那些将新兴科技与现代商业模式完美融合的复合性产品（包括服务型产品）项目。长此以往，园区的品牌形象也会随之提升，产业集群的层级和态势也会跟进提升。

四、招商线上线下一体化

线上线下紧密结合推进经营管理，这并不是什么新鲜事物，但突发的新冠疫情猛然间让“线上”成了全社会都离不开的手段，线上买菜、线上买药、线上问诊咨询、线上提前开学学习……园区线上招商也开始流行。

宅在家里、闷在楼里，新冠疫情让以行商为主导的园区招商变得难以施展，会议招商、活动招商等聚集性招商形式刹那间被彻底屏蔽。

于是，大家普遍把注意力转移到了线上招商、网络宣传、微信推送、微博造势，在火爆的新媒体上刊登广告与软文，甚至借助 VR、手机 App 等现代技术手段，推出线上看园区、线上洽谈……园区开发运营商力求通过便捷的互联网及移动互联网，让园区也火一把。但是不管你的园区信息推送和线上交流多么热闹，最终客户还得到园区现场实打实地考察交流，真真切切地见面洽商沟通。新冠疫情后，园区招商的“线上交互推广＋线下洽商打动”肯定会长期延续，而且会演绎得更加紧密、精妙。此外，利用大数据进行获客和精准招商，将被更广泛地应用推广。

五、园区运营服务精深化

园区的未来靠运营。笔者看重园区运营，很早就提出“运营即是招商”的观点，多年来在各地园区、各个场合反复强调园区运营的重要性，尤其倡导园区招商运营一体化的营建理念和模式。而现实中，各地园区的运营状况良莠不齐，整体仍待不断加强完善。

园区的公共服务平台是园区运营的平台和窗口，这对众多产业地产商和园区运营商来说，并不是一个手拿把攥的轻松业务和服务。突发疫情，在控制疫情与恢复生产的艰难前行中，园区从帮扶企业开工、强化监督企业防范管理和帮助企业获取特殊时期政府政策扶持等开始做起，无论是主动为之还是被迫开展，园区从基础性的物业服务向复合性服务延展。趁热打铁、顺势而上，疫情后会有更多的园区搭建或夯实公共服务平台，在提供完善基础服务的同时，拓展以园区产业运营为主导的增值服务。其实，这也是园区市场竞争中的差异化策略之一。

六、园区管控模式智慧化

智慧园区面世有六七年的时间了，如今智慧园区建设与发展得如何呢？业内人士都会有或多或少的感知。笔者向来鼓励发达城市中有实力、有应用基础的园区构建智慧园区，尤其是产业定位于电子信息、

互联网 +、大数据、5G 等科技园区，以及政府主导的高新区中的园中园，借助智慧园区提升运营管理水准与能级，探索复合型、智慧化的园区经营。但目前客观来说，智慧园区在全国各地的应用推广与建设情况喜忧参半，在北上广深一线城市和以杭州为代表的信息化发展较好的二线城市，智慧园区势头正猛，但北方和中西部城市对智慧园区的接受与应用程度都还不理想。

这次新冠疫情中，进入园区者须预先线上登记并扫码进入园区；园区管理终端信息化系统连接门禁处的人体红外测温仪，保障对园区进出者的随时监控和管理；人脸或语音识别开启门禁与电梯；园区各个位置的智慧园区安全监控系统随时监控人员密集情况并实施管控……所有这些疫情下特别敏感且具有安全性的设施服务都可以通过智慧园区系统实现有效管控，如图 7–3 所示。当然，智慧园区远不止这点内容。

突发的新冠疫情为智慧园区开启了通往春天的一扇门，让原本有些扭捏的智慧园区粉墨登场，应着 5G 的蓬勃发展，智慧园区直挂云帆的时代来了。

图 7–3　园区对各个位置进行人员聚集情况监控

突发重大事件影响社会经济的正常运行发展，它一面带来苦楚，另一面带来机遇。新冠疫情及后疫情时代，给产业园区 / 产业地产经营同样带来了困难与新机遇，如何迎接风雨后的彩虹，这就要看各自园区反应的灵敏度和应变能力了。疫情加速了我们的改变、调整与进步。其实，即使没有疫情，我们也应该主动求变！

第二篇
战略经营，做强做大做顶层

第八章

Chapter 8

产业地产营建，两条线、一股绳

产业园区、产业地产是跨行业的领域，对其研究和操盘及经营管理，也必须以跨界的思维和多元的体系来推进和演绎。有人形容产业园区、产业地产好似一碗八宝粥，融入了太多的食料（内容），想喝上味道上佳的粥，看你如何配比这些食料，如何掌握熬粥的火候。本文将从战略层面探讨产业地产的营建思路。

一、务实线与务虚线

产业园区、产业地产的经营管理可以分成两条线，一条是产业园区项目建设营运线，另一条是产业地产业务战略经营线。前者偏于看得见、摸得着的显性业务，称其为产业园区务实线；后者偏于顶层设计、规划策划的隐形管理，称其为产业地产务虚线。其实，务虚线是相对而言的，它所涵盖的工作内容并不虚幻，而且是引导、左右着务实线的业务。两条主线业务一定要拧成一股绳，才可能让产业地产业务健康持续地发展，如图 8-1 所示。

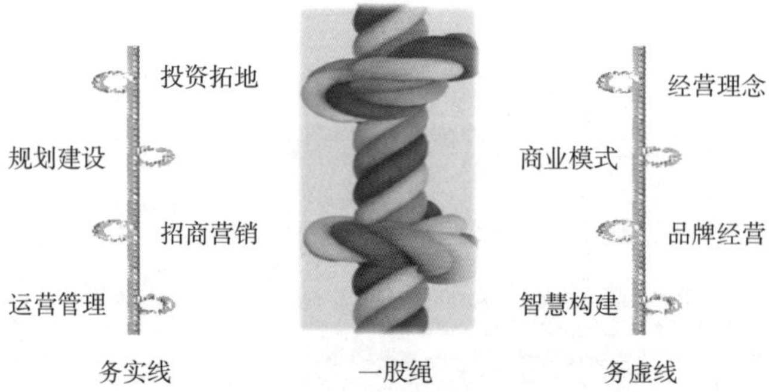

图 8-1　产业地产业务全面推进的两条主线

务实线涵盖了产业园区、产城、小镇的全建设流程，涉及投资拿地、规划建设和招商 / 营销，并融进了项目复合运营管理。目前，**产业地产市场层面比拼的就是这条务实线所涉及的系统操盘能力、投资回报能力及项目复制经营能力**。务实线主要由一线的业务部门、项目公司来负责推进。

务虚线涵盖了产业地产业务的战略规划、经营管理机制构建、品牌经营、企业文化建设，以及顺应时代趋势的智慧化运营管理等内容，将体现一家产业地产商的真正软实力。**从顶层设计到经营策划，务虚线实际上是务实线背后那只隐形的操控手**。务虚线更多由公司管理层、战略管理部门来负责推进。

务实线上项目做成功了，未必代表这家产业地产商就能拔地而起、长盛不衰；而务虚线规划合理、定位准确、推进到位，即使眼下园区、产城项目还没有出彩，只要沿着正确的路线坚持下去，与务实线业务紧密合拢，即务实线与务虚线拧成一股绳，项目出彩应该是迟早的事情。之所以划分两条线和强调一股绳，是因为这可以从战略层面解析产业园区、产业地产的业务内容、业务性质及管控关系、管控层级，明晰两条线齐抓共管、并行并趋。

二、产业与地产相融合

前不久与地产圈朋友聊到产业地产，众人无不感慨：地产是拿地盖房子、卖房子；产业是搞生产制造、卖产品；而第三产业或 2.5 产业搞的是文化、卖的是知识、做的是服务。原来地产商干得好好的，赚得盆满钵满，偶尔投资做些别的业务，也就是个多元化发展；如今非得开拓产业地产，弄得跟产业理不清、剪不断，还得被迫像模像样地做产业招商、做产业运营服务。地产商们折腾得精疲力竭，何苦呢？只是社会经济、区域经济发展大趋势如此，同时也被市场竞争所迫。不这么干，能拿的地越来越少，发展的路越来越窄。再说产业圈，产业干得好好的，非得拿地建研发制造基地，基地规模挺大，自己用不了，也学地产干起了转地、卖房租房的事，甚至还搞住宅，尝到甜头后在全国各地拓地越来越乐此不疲，就像某机器人公司成立产业地产性质公司，举着机器人这个 IP 到处圈地，有的项目干得真不怎么样，影响还不好……

大家聊的是大实话。当下，产业园区于国家、于区域、于地产、于产业都具有赫赫之功，产业地产成为趋势是必然的。产业集群及其社会经济带动性、城镇化、“双创”发展、地产集约化经营、城市更新等诸多因素决定了产业地产、产业园区、产业新城、特色小镇成为时代热点、成为建设主流，成为政府及各界都愿意吃的香饽饽。而产业商也好，地产商也罢，大家不经意间都挤进了产业地产这一光晕耀眼的行业领域，也算是殊途同归。

对于产业地产这个说新不新、说老不老的跨界发展的行业领域，秉持传统的地产思维和秉持单一的生产思维都是不现实、不足取的，必须将产业与地产进行有机融合，发生化合反应，而不是两张皮似的存在。业界经过多年的探索已有共识：地产不算什么，产业地产的难点基本都在产业层面。比如产业规划合理性、空间建筑规划与产业的适配性、产业链招商达成度、产业集群集中度、产业运营服务满意度等。这也正体现了产业地产以产业为核心、地产为载体，即“产业地产，产业为核、地产为壳”。

产业与地产的相融合，实质是地产载体建设中充分融合产业内容，即融入产业思维、融入产业人才、融入产业链群、融入产业政策、融入产业运营、融入产业投资等，如图 8–2 所示。

图 8–2　产业与地产相融合的“六个融入”

1. 融入产业思维是营建基础

融入产业思维是将对产业、产业企业和产业运营的理解融入产业地产的营建思路中，在什么样的区域做什么样的产业集群？为相关产业企业做怎样的服务？园区通过怎样的产业运营走得更长远……对这一系列问题理解得越深刻、越全面，产业地产业务越受益。

2. 融入产业人才是营建保障

产业地产的业务模式、产品形态、营销体系、服务内容都不同于传统地产，不可能单凭一众地产系人才把产业地产的大戏唱成满堂彩，需要补充做过产业、搞过研发、做过企业咨询、搞过产业招商等各类精英才俊进入大团队。

3. 融入产业链群是营建核心

建设几十万平方米甚至上百万平方米园区的核心目标就是引进聚集企业。如果能够围绕园区产业规划所确定的主导产业及产业链进行产业招商、推进产业集群且落实到位，那么这个园区就是瞄着标杆园区来打造的。

4. 融入产业政策是营建支撑

园区聚集数百家产业企业、打造产业集群，肯定需要产业政策的支持。产业园区这个特殊的行业领域，可以说是“无政策，不园区（愿去）”，前期招商需要政策吸引，中后期的园区服务、企业成长更离不开产业政策支撑。当然，这一过程中，园区自身也会享有诸多鼓励政策。

5. 融入产业运营是营建延展

产业运营是园区“三业”经营的驱动，是延展园区综合性服务。园区搭建以产业运营为主导的公共服务平台，使企业可以享受从基础服务到增值服务的系列成套服务内容，从而让企业机会满满，让园区生机盎然。而产业运营背后是园区在积极培育内生经营发展模式，探索自身的闭环发展。

6. 融入产业投资是营建未来

产业投资堪称产业园区的高端服务、产业地产的高阶运营模式。打造产业集聚、创业孵化、产业投资的一条龙运营模式，通过产业基金、天使基金、VC、PE 等的投资运作，既是给予园区企业及创业人未来，也是在培育园区的又一经营产品，创造园区自己的未来。产业投资选择什么标准的潜力项目值得研究，而采用“房东 + 股东”、直接投资、参投等多种投资方式也是有讲究的。

产业与地产相融合，将这“六融”融合好了，产业地产营建及园区复合运营就没问题了。

三、招商与运营一体化

运营即是招商，是笔者始终倡导和践行的园区操盘理念与原则，且在这样的操盘过程中让园区及公司均受益。运营即是招商，是借运营促招商，同时离不开招商带运营。园区招商和运营推崇的就是唇齿相依、休戚与共。

从战略与管理层面讨论招商和运营一体化，就要在目标指标设定、组织架构设置、人力资源配置、工作流程安排以及 KPI 绩效考核指标上将招商和运营统筹兼顾、一并计划。园区运营体系、运营部门要切实发挥复合运营功能，并与招商工作无缝连接。

基于产业地产营建两条线、一股绳的战略思维，引申出“产业与地产相融合”“招商和运营一体化”的战略经营原则，再延展分析还会有“产业招商与楼宇租售同步”“满足企业与回馈政府兼顾”“园区载体赢利与内生经营发展并进”等一系列问题，有的暂且留在后面去分析探讨。**面对产业园区、产业地产这样跨界的业务领域，打破边界、拆除篱笆，做融合共生的事情是常态。**

第九章

Chapter 9

兵无常、水无形，产业园区营建的定式与非定式

京剧提鞭当马、搬椅做门，一颦一笑、一举一动，唱念做打无不有规则，无不是程式。没有程式就没有固化的艺术形式，但过于程式化的表演形式，往往与时代节奏和大众文化情趣不同步同拍，乃至被边缘化。中国传统武术一招一式皆见功力，每家门派各怀绝技但也各存短板，如若过于沿袭门派与传统招式，则故步自封、难立江湖。我们在搏击比赛中经常看到，单凭传统武术很难适应比赛，具有武术功底的搏击手同时融会贯通拳击、柔道、泰拳、跆拳道等各家之长，往往更胜一筹。从程式化到非程式化，从定式、套路到非定式、非套路，这是与社会时代接轨的不二法则，各行各业皆如此。

产业园区 / 产业地产具有特定的规划建设模式和操盘实战技巧，但同样存在因循模式与经营革新、固有打法与战法变通的关键问题。产业园区 / 产业地产经营的变与不变、定式与非定式，确实值得我们深入分析探讨。

一、产业地产商的经营定式与非定式

企业经营必须有自己固定的产品与商业模式，产业地产商的战略经营也必须有自己的定式化模式与特定产品。但是这种定式是可以变化、转化的，不是你做什么我就得跟随效仿。让我们先说说产业地产行业两家龙头企业华夏幸福和联东 U 谷的经营。

华夏幸福基业公司的产业新城建设在环首都的固安、大厂等地功成名就，其产城建设采用 PPP，实施“园区运营 + 地产开发”业务模式，除了孔雀城住宅销售获利外，在产业收益上主要采取土地一级开发成本 10% 的固定收益加新增落地投资额 45% 的招商服务收益。华夏这一经营模式颇具特色，初尝胜果后开始在全国推广拓展。但是在环深广二城的珠三角和环上海的长三角都遇到了问题，非环京地区的区域产业基础、企业经营特点、社会文化环境、政府管理能力与河北固安、大厂相去甚远，既往业务模式难以在新区域的土壤上扎根生长。显然，继续沿袭曾经取得的亮眼业绩的定式模式与业务套路已成方枘圆凿之势，加之资金链进一步紧张，不及时顺应整改，就难以摆脱步履维艰的窘境，甚至可能折戟沉沙。于是，华夏幸福在2018年中旬采取断臂求生策略寻求脱离险境。到2019年上半年，战略经营调整依然紧锣密鼓，公司从业务模式、产品线、资本市场到组织团队都大动筋骨，在深圳成立南方新总部，请来善于城市业务耕耘的原华润集团的多位资深高管，并顺应性地描摹起南方的城市更新业务。回想华夏幸福以往偏于乡郊的产城业务，新的战略调整好比华夏上演“农村包围城市”的新剧，这倒是与其城市运营商的定位更相吻合。

十多年来，产业地产商尤其是转型做产业地产的房地产商最爱采取的模式或者套路，就是在拿地建设产业园区、产业新城时，从区域内争取一定的住宅用地或商业用地，用以平衡产业园区的投资回报周期。而有一家产业地产大牌，在国内已拥有200多个项目地块，截至目前，却从没有在自己的项目地块建设住宅，它就是联东U谷。

国内主流的大牌产业地产商通常会按照“园区＋住宅”的套路圈地建设与互补经营，在园区大区块里搞一片住宅，甚至是先卖住宅再搞产业，这在业界司空见惯。联东集团深耕产业地产已十多年，不算高调，偏于务实。面对“园区＋住宅”的模式，联东坚持走自己的路，一心营建自己的园区产品。截至2020年初，联东在全国40多个城市投资建设产业园210个，引进制造业企业和科技型企业超过11000家，单从这组数字看，联东做“中国领先的产业园区专业运营商”的目标基本达成。业界有的同行认为联东的经营模式不够复合，有的认为联东运营服务不够层级，我们不必求全责备。联东能够拥有几乎行业“No.1”数量的园区项目，对于一家不依靠花式融资和复式运营的非上市公司而言，实属不易。这背后自有其独到的经营与管控之道。依笔者的调查和观察，联东U谷采取专业化经营策略，以中小制造企业的工业厂房及研发办公为主导产品，始终保持专注与专业，其在区域投拓、产品线选型与组合、建筑配套标准、企业招商数据库等方面，经验老到、积累颇丰，在各地建设的园区不一定是精品、标杆，但基本都能“野蛮生长”且有模有样，如图 9–1 所示。

图 9–1　联东 U 谷园区实景

产业地产的战略经营模式必须保持相对稳定，战略不能变来变去，否则业务推进与工作执行摇摆不定，经营难以获得好的成效。战略经营调整与变革往往是被动适应外部环境变化或者主动寻求创新发展的。外部世界波诡云谲、变幻多端，而内部的资金、人事等重大变化同样难以预料。战略经营保持稳定前行的同时，阶段性、局部性、区域性的战略调整也是顺应形势、因势利导。

随着时间推进和社会经济文化发展及科技进步，产业园区 / 产业地产的战略经营自然会从定式向非定式过渡，或者二者保持一种协同关系、动态平衡，定中思变，变中持稳。

二、园区建设流程的非程式化演进

我们都熟悉产业园区 / 产业地产的基本建设流程：“拿地、规划、建设、招商、运营、复制经营……”六年多前，笔者总结经验并编写成书时，认识到园区类地产项目中的规划、招商和运营等环节内容是明显区别于传统地产项目的，且我们对自身业务领域及相关行业的研究认知至关重要。没有充分的认知、不能知己知彼，是不能做好项目的规划和招商运营的。因此，笔者特意将书的结构体系及书名确定为《产业园区 / 产业地产规划、招商、运营实战》（2015 年出版）。之后，笔者在园区行业论坛、专业会议等诸多场合发现，同行们也习惯性地将园区规划、招商和运营列为交流探讨的主题环节内容。如图 9–2 所示。而近几年，笔者通过操盘实战、顾问咨询和项目考察，越来越感知到程式化、系统化的园区经营是我们操盘营建的基本保障。但这里面有一个问题，产业园区是否要始终按部就班地延续程式化的建设流程呢？

图 9–2　产业园区大会围绕规划、招商、运营展开探讨

园区的操盘手们已经习惯了“拿地、规划、建设、招商、运营、复制经营（再拿地）”的园区营建流程，而我们发现，现实中很多固有模式、固有流程被打破了。现在各个园区关注和推崇的一个工作热点就是招商前置，连刚工作不久的行业菜鸟都能喊出这个热词，甚至当下不仅是招商前置，运营前置也不是新鲜事了。招商前置是在项目建设前乃至拿地前就开始对重点产业企业、产学研机构展开招商，也可称为产业资源整合。招商前置之所以被称为热点、焦点，是因为其具有多个积极作用。

- 拿地谈判时能够占有先机。因为前置招商获取了一定的产业资源，在拿地谈判中容易获得区域政府的青睐，从而在地价、地段及相关优惠政策上获益。如果前置招商与具有 IP 的产业翘楚达成合作，那么会得到政府更多的钟爱，综合的优惠政策加持会更充分。

• 有利于园区的规划和建设。前置招商引进的产业企业或机构，尤其是大牌企业和机构，其用地用房规模一般较大。提早合作，就可以针对企业或机构的需求提早做出建筑与空间规划，合理设置建筑配套标准，实现定制化建设空间建筑载体。

• 便于为企业开展运营服务。前置招商引进了企业，除了为其提供使用的园区空间建筑外，还可以针对企业生产经营的需求，开展从基础性到增值性的运营服务，这涉及商业配套服务、产业运营服务等，从而帮助企业早进驻、早生产经营、早获得政策加持和享受综合服务。提到这一点，也就自然引出了运营前置。

园区运营前置，此处更强调的是产业内容的运营服务（参见《产业园区 / 产业地产规划、招商、运营实战》第四篇第五节）。园区运营服务前置考量的是园区的复合经营能力。运营前置化后，企业、政府及社会各界对园区便会刮目相看，令园区招商更加春风得意，正所谓“运营即是招商”，如图 9-3 所示。

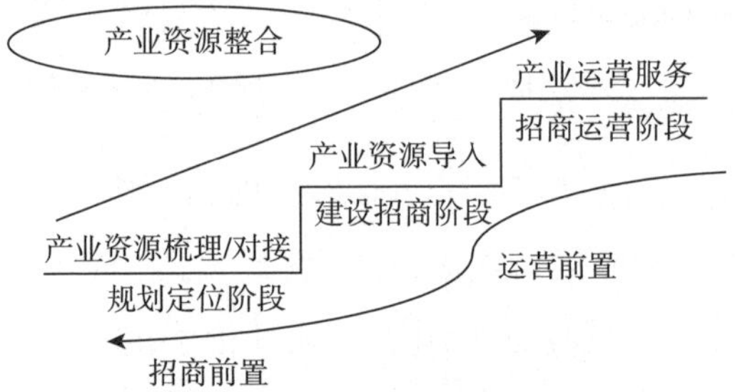

图 9-3　园区招商前置与运营前置

三、园区区域投拓的定式与非定式

一次产业地产论坛举办期间，几位知名产业地产商的老总聚在一起讨论起各自的园区拓展城市领域，大家普遍在一线城市做城市更新、在二线城市做产城，而对于三线城市和四线城市兴趣不大，不愿投资拿地介入。从产业地产的投资回报逻辑来看，的确，在一二线城市做园区，其集群效果与产业层级、物业租售效率与回报更高，毕竟一二线城市经济实力、产业基础、企业数量与水准、产业生态环境更好。但从产业园区本身的建设集群和城市区域转型升级发展来看，一个城市需要建设产业园区、需要集群发展。产业地产商不来投资，区域仍然需要政府及城投公司（或类似实体企业）联手推进园区建设，园区是区域的希望。

根据操盘经验，**一线城市锚定主题特色园区，不一定做城市中的最大最好，但一定特色鲜明、亮点突出。二线城市要做区域标杆园区，力争成为最好，并依托标杆效应吸引和争夺产业资源、社会资源。而三四线城市以建设专业化园区为宜（尤其是基于区域产业基础建设的专业化园区），越专业越可能创出市场，而产业宽泛、业态多元的综合性科技园与文创园在三四线城市出彩的机会并不多，在三四线城市工业园通常具有较大的市场机会和发展空间，如果城市属于强发达一二线城市的卫星城，也可探索建设新产城。**

三四线城市被业界称为“被爱情遗忘的角落”，不太受知名产业地产商的关注与厚爱，反而为中小产业地产商提供了机会。在合宜的区位建设合理规模和相宜产业的园区，不要太追求产业的高大上，不一定祭出非常复合的运营服务；建筑产品要适用，价格区间应合理、优惠政策须到位。这就挺好了。

定式思维与非定式选择，园区区域投拓在寻求定式与非定式之间的平衡，是个多因素、多变量的评估指标体系。其实，投拓的定式与不定式，与所做的园区产品、资源整合能力及投资回报要求等密切相关。

四、组织与团队的调整变通

中国产业园区从无到有已历经 40 余年风雨，从工业地产演化到产业地产也有约 30 年的光景。如今，产业地产商大多明白，业务骨干团队不能只是擅长建房卖房的人，需要懂产业、做产业的人才补充进来，甚至担任核心职位。不难发现，这些年产业地产商的团队中的确吸纳了一批产业企业与机构的精英、各级政府官员，以及招商局骨干、科技管理人员等。前不久，笔者在武汉与一家从事产城建设的国企合作业务时，其中一位高管来自华夏幸福，此前他曾是阿里巴巴的技术人员。这几年，由传统房企转型做产业地产的龙头地产企业中，招募的非地产系中高层人才不少，但能够充分发挥作用的人并不多，个中原因很多，关键一点是传统房企在产业与地产二者的战略摆位与经营协同上还存在问题，业务逻辑模糊或摇摆不定，难免让志士才俊空有志、难成业。

规模型产业地产商与小型园区建设运营商在组织架构上的差别主要在战略研发体系和技术支持体系。招商蛇口、华夏幸福、万科等都设置了产业研究院，为集团和区域公司的业务整合和项目拓展提供基础保障。与此同时，这些研究院与外部咨询机构保持频繁互动，就产业地产的某些关键问题和区域园区项目开展深度咨询合作。这种“内研发 + 外智库”的形式对产业地产业务的有效推进大有裨益。

上面说了战略研发与技术支持，再说说园区核心体系的招商或营销部门，它是带来现金流的命脉部门，目前来看，招商体系一时还难以实现内外完美的结合。传统房地产业务的房屋营销有很成熟的中介市场和代理机构，但产业地产行业囿于房屋（工业楼宇、办公楼宇）成交过程复杂、成交量相对低、属地因素制约中介服务难以标准化等诸多原因，市面上产业地产代理招商机构很少，即使有个别的代理服务机构，综合实力也有限，园区与其达成理想的招商代理合作为时尚早。所以，园区招商 / 营销更多是依靠内部挖潜。

伴随业务的不断扩展，产业地产商也在衍生新的经营模式和业务内容。譬如，亿达中国尝试扩展园区轻资产经营业务，组建专业运营团队，外派到各地合作园区承担代理招商和运营。深圳天安云谷在为自己园区研发建设智慧园区的同时，发现了市场机会，专门设立智慧园区公司，将智慧园区系统推广服务于园区全行业。青岛橡胶谷的运营管理团队为自己园区进驻企业提供知识产权申报、项目申报等综合性产业运营服务。随着对工作的熟悉和客户积累，开始将相关运营服务扩展到整个区域和青岛的产业园区，并实现了可观的服务性收入。

兵无常势、水无常形，定式是相对的，无定式是绝对的。产业地产商必须有自己稳固的经营模式、系列产品，以及系统化、程式化的战术打法，这是市场经营的坚实基础。这套模式与打法越成熟、越规范，越能保障营运效率与基本效益。外界环境在变，内部组织在变，经营定式不可避免地面临不确定因素而形成非定式经营。因此，产业地产商需要不断升华，打造“定式+非定式”的经营应变机制与具体应对方略，通权达变、见招拆招，让自己变得更加出神入化。

第十章

Chapter 10

产业地产如何“防雷避坑”

产业地产、产业园区是多元跨界的行业领域。这个领域既久也新，经营当中、操盘之中，隐藏着繁多的暗雷深坑；一不留神，就可能触雷掉坑、身陷惨境。产业地产有哪些雷，有哪些坑？又该如何防雷避坑？笔者稍作分析，总结出以下“顶层设计之雷”“政府公关之雷”“操盘团队之雷”“项目投拓之坑”“产业规划之坑”“招商营销之坑”“运营服务之坑”“园区复制之坑”等八个关键环节，供大家参考。

一、防雷之顶层设计

顶层设计是产业地产万里长征的第一步，这是后续园区项目规划建设与招商运营的前提基础。很多园区建设实例告诫我们，如果一个产业地产商、园区运营商没有高瞻远瞩和切实可行的顶层设计，那么很可能会走进死胡同。因此，顶层设计至关重要。顶层设计阶段需要充分厘清和处理好产业与地产、组织与人员、指标与考核、战略与调整等关键性问题。

地产商在进行产业地产业务顶层设计时，缘于以往的理念、模式，往往平衡不好产业和地产二者的关系。在产业与地产二者的摆布中，地产始终占据绝对主导地位，产业则犹抱琵琶半遮面。当今形势下，这样的产业地产战略迟早面临尴尬局面。最终问题会出现在园区项目上，呈现显性与隐性的关系，项目是显性的，产业地产商的顶层设计与战略规划是隐于后的，即（集团）公司层面是隐形的。在这方面，大牌地产商存在“大船难掉头”的现象，而小规模的产业地产商面临的困难相应小一些。他们的公司机制体系相对简单，精力更集中在如何操盘项目上。

战略目标和业务框架确定之后，如何设置组织架构、配备相应人员及配置相关资源尤为重要，毕竟所有工作任务是依靠人才及团队来开拓完成的。如果一个产业地产商沿袭原来的地产模式进行架构与人员安排，不能做到因势利导，那么在运作产业地产的时候，掣肘不可避免。很多大牌地产商在产业地产业务推进过程中患了不适应症，多是因为沿袭了传统地产业务的逻辑和模式。

进一步需要考虑和解决的问题是如何设定“指标与考核”。如果绩效考核还是一切围着房地产高周转、快回报及去化率来设定，那么产业园区的产业布局将变得虚幻和边缘。这是很多地产商转型产业地产面临的又一个突出问题。

当产业地产业务开展两三年之后，各项经营指标压力会变大，加之招商运营会遇到诸多困难，产业地产商内部容易出现战略摇摆，导致产业地产业务战略收缩，这一点从地产界头部企业的现实状况就可以得到验证。

一言以蔽之，产业地产业务顶层设计做不好，迟早体现在产城、园区、特色小镇等项目营建上。如何有效地将产业和地产融合起来，是产业地产的核心问题，也是一个长期问题。

二、防雷之政府公关

从投拓拿地到规划建设再到招商运营的产业地产全过程中，都面临与政府的公关问题。在产业地产公共关系中，政府关系确实是最重要的公共关系。维系好政府关系，我们拿地块、获政策就会有更多机会与助益；反之就不敢想象了。在与政府的公关中，我们必须清楚政府是谁，产业地产商又是谁。业务一路顺风还是一路逆风，就看是否搞明白二者的关系，扮演好各自的角色。

政府和产业地产商的关系是既吸引又博弈。政府都希望引进很好的产业，产业地产商则希望获取好地块、好政策。政府招商引入产业地产商是为了引入产业、带动集群，而不是为了建一群房子。因此，产业地产商必须懂得政府的意愿和需求，尊重政府诉求，一些关键问题听从政府意见，并按照双方的约定和有关制度来执行，不要越过底线与红线。

与此同时，产业地产商还要让政府知道自己是有资源、有水准、有能量的，要让政府刮目相看。因此，时不时地要向政府秀一秀“肌肉”（复合能力）、示一示家产（综合资源），让政府感受到“我们不一样”“我们能让区域不一样”，这样的动作可以称作“引导和打样”。

如果用形象的比喻来阐明产业地产商和政府的关系，可以这样讲：在“吸引与博弈”的关系中，两者好似夫妻；在“尊重和听从”的关系中，政府好似产业地产商的父母（父母官）；在“引导和打样”的关系中，政府与产业地产商关系反转，产业地产商更像是家长给孩子做示范、树形象。不同阶段、不同场合、不同人员，产业地产商和政府之间的关系是动态变化的，产业地产商需要在变换的时段和场景中扮演好恰当的角色。

在政府公共关系中，笔者有以下几条心得，相信大家会有同感。

- 产业 IP 决定了拿下哪块土地。
- “忽悠”能力越来越不可持续。
- 给政府政绩，园区才有“连续剧”。
- 赚房子的钱没问题，前提是产业要落地。
- 想发展下去，怎么也得有个园区标杆案例。

三、防雷之操盘团队

产业地产操盘团队的能力和绩效与四种因素密切相关：操盘手出身背景、主管的职业经历、策划力与执行力、招商运营一体化。

笔者在操盘和顾问咨询过程中看到，不少项目操盘手和主管一般都是从知名产业地产商那里空降过来的，这些人在产业地产界浸润多年，当中确实藏龙卧虎。但是需要提醒注意的是，并非每一位从大型产业地产商出来的人员都具备操盘能力。其中一个主要原因就是大型产业地产集团体系比较健全庞大，“一个萝卜一个坑”，因而部分人员缺乏通盘的整合能力。

关于操盘手和主管的职业经历，不一定是学历越高越好，实战能力最重要，拥有复合知识背景和复合工作背景的人员更具发展潜质。

此外，操盘团队的策划力和执行力相辅相成，策划有思路、富创意，执行能落地、有效率，项目才有出路。策划的水平不够，执行力再不强，项目就很难做成。

在产业地产操盘过程中，要努力做到招商运营一体化，这是招商运营的至高层级。招商推进时刻连带着运营、体现着运营；运营服务时刻连带着招商、隐含着招商，招商和运营更像一对兄弟。

四、避坑之项目投拓

产业地产项目投拓过程中多“坑”密布，一不小心就会深陷其中难以自拔。这些“坑”可能是：

- **到看似经济发达的城市去建产业园。**
- **在适合工业园的区域做起了科技园。**
- **不管哪儿的老旧厂房都去搞文创园。**
- **在没有总部经济的城市建设总部基地。**
- **拿下地价便宜的区域以为捡了个便宜。**

中国五大超级城市群是很多公司在投拓项目的时候必然关注的地域。五大超级城市群地处国家三大战略的叠加区（“一带一路”建设、京津冀协同发展、长江经济带发展），未来将是中国最具发展潜力的地区，我们维持对其整体潜力的看好。从发展阶段来看，长三角、珠三角及京津冀城市群作为领先梯队，发展相对成熟。长江中游及成渝城市群地处长江经济带的中上游地区，城市腹地广阔，且具备承接长三角产业转移的优势。

在以上五个区域投拓投拓，需要特别关注五大要素：民营经济、教育研发、产业链群、现代服务和政商服务。在综合评估中，根据自家产业地产业务的产品线构成、产业资源等去设计投拓评价指标体系，这五大要素侧重产业和产业环境等要素，投拓评估中还会有一些要素，比如偏于地产投拓的要素指标等，此处没做过多强调。现实评估中还需要细化到二级乃至三级指标来评价衡量。例如在评价分析民营经济状况时，肯定会涉及民营经济占 GDP 的比重、民营经济税收收入占区域税收收入的比重、民营经济占全社会固定资产投资的比重、民营企业产业类别比例、民营企业从业人员占全社会从业人员的比重等。

五、避坑之产业规划

产业定位是产业地产的特定规划内容，看似简单，定位准确实则不易。对传统地产商来说，产业定位也是一个难点。产业规划定位中，应该把握以下四点。

- 在产业规划的过程中，很多产业地产商通常会追求高大上的产业领域，例如战略新兴产业。冷静务实的产业地产商应该清楚每一个地区都有特定的产业基础和资源禀赋，不是每一个城市、每一个区域都能搞人工智能、大数据、新能源、生物医药等战略新兴产业，这与高考是一个道理，不是每一位同学都能上清华、北大。
- 在产业定位的过程中，存在定位具象和不具象的问题。如果产业定位非常具象、非常明确，例如建设北斗产业园、光伏产业园、纳米科技园，意味着先期产业资源整合到位、园区产品线相对成熟，这对园区的专业化集群与品牌化经营是十分有利的。倘若产业地产商产业研究不深入，产业资源不丰厚，产业定位很具象就容易出现实际招商集聚与定位不符，甚至相去甚远的问题。这对于园区发展、园区形象及政策支持都是不利的。
- 招商推进导致定位更迭。一些产业园区随着产业的更迭和园区自身的发展变化，招商主导方向也会产生适当变化，应尽可能保持前后的延续性、关联性。产业变化太大，给人的感觉就是重打鼓、另开张了。
- 热点产业容易存在周期短或者过渡快的问题。例如文创园的一些热点产业，越时尚越可能来去匆匆，从而导致园区腾笼换鸟的现象。

六、避坑之招商营销

招商营销是产业地产的生命线，涉及招商渠道、营销方法和沟通技巧等三个直接关乎工作绩效的内容，产业地产商之间、园区运营商之间在这三方面的差距明显。如果单论这三方面，还是就招商论招商，此处强调的是在这三方面背后还存在或更深层、或更系统的问题。

1. 产业招商与房产营销关系

产业招商和房产营销是不同的，需要厘清两者的关系。一般来说，招商是围绕产业做事，营销是针对房子做事，尽管都是把建的房子转让给企业，但产业招商的逻辑和楼宇租售的逻辑不尽相同，二者有分有合，处理得好二力合一，处理不好难免扯皮。

2. 招商好与不好的背后逻辑

这与顶层设计密切相关，还和政府的公共关系、团队的资源整合能力相关。招商是产业园区的重中之重，也是一项艰巨而长期的工作，不可能一拍即合、一蹴而就。笔者曾经总结了园区招商六部曲，即规划园区产业定位、制定园区招商目标、出台园区优惠政策、确定园区营销价格、整合园区营销推广、招商和服务持续跟进，这六部曲涵盖内容很多。

3. 客群画像与按图索骥能力

客群画像是否准确？即使客户画像准确，具体操作过程中寻找客户的能力是否达标？

任何地产项目都要有自己的项目定位、客群定位，产业园区和产业地产尤其如此。根据园区产业定位，招商人员全力以赴调研寻找符合定位的目标企业。招商工作通常可以聚焦在 Top20% 的企业上，这也是遵照了二八定律。那么，**哪些客户是这 20% 的企业呢？产业链群的主导者、行业标准的制定者、技术创新的领跑者、行业产值的贡献者、市场销量的领先者、产业模式的缔造者、行业文化的先行者**……这些给出了重要客群的大致范畴。客群画像画出来了，接下来按图索骥就是搭渠道、搜信息、找关系、寻对接等一系列获客的问题。优秀的招商人员正是在此方面优于他人。

4. 招商方法论下的良莠不齐

信息时代、新媒体时代，学习借鉴经验与知识不是难事，招商的方法基本都摆在那里，比如产业链招商、产业基金招商、活动招商、联合招商，等等。但是在实际招商营销过程中，园区和园区之间的差别很大。这背后是策划与执行的问题，也是团队人员素养的问题。

七、避坑之运营服务

关于产业地产的运营服务，必须顺应大趋势，否则面临掉队和被时代抛弃的窘境。以下趋势及规律现象值得业界关注。

- 存量地产与城市更新，大运营走起。
- 园区运营服务为企业更为自己崛起。
- 连运营“POSE”都不摆，这时代过不去。
- 基础运营服务做不来的快洗洗睡去。
- 智慧园区的递进会让园区越发神奇。
- 产业投资可以造就产业园区的传奇。

园区运营必须区分物业、产业和商业三大模块。它们是园区运营的“三驾马车”，内容不同、性质不同，但相辅相成、缺一不可。其中，物业为基础，商业为保障，产业为驱动。

园区运营服务内容十分庞杂，那么，作为产业园区驱动器的产业运营服务能够帮助企业走多远呢？目前客观地讲，尽管园区产业运营服务确实帮扶一些企业成长了、壮大了，但整体作用还是有限的，不能过分夸大园区产业运营服务的作用。产业园区搭建公共服务平台，开展系列产业运营服务，是为入园企业营造了创业环境、提供了发展机会，给予了成长平台，但入园企业经营发展毕竟得依靠自己、依靠社会化 / 市场化服务，不可能完全寄托在园区公共服务平台上，这是共识，也是现实。

所以，不认真搭建公共服务平台和过分夸大园区产业运营服务都是

不可取的。

八、避坑之园区复制

目前，很多规模型产业地产商和园区运营商在异地复制园区过程中通常暴露出一个问题：后期复制建设的园区没有第一个园区做得出彩。为什么？这需要从运营模式、管理团队、资金实力、政府关系、产业资源和品牌张力这六大制约因素来分析。前三个因素是内部因素，后三个因素是外部因素，需要外部经营整合而得。如果这六个因素存在严重缺陷、极大短板，那么还是放缓扩张复制的脚步、夯实基础再开疆拓土来得更为务实。

产业地产复制成功几率低还有几个被忽略的原因，这就是很多产业地产商在经济上行的阶段做成功了一两个园区项目，但是在经济下行的时候进行园区扩张复制，时间延后了、区域变化了、形势不利了，再获成功难上加难。尤其是再次扩张复制园区时，一心急于加速获利，已然没有了建设第一个园区时那份专心、那份努力、那份耐性。

产业园区与产业地产坑多雷多，以上提及的雷只是经营管理中的几个暗雷，明示的坑只是项目操盘中的几个陷坑。**产业地产之防雷避坑，关键看眼力、脑力与弹跳力！眼力是战略视野和明辨能力，脑力是规划能力和策划能力，弹跳力就是操盘中的执行能力和整合能力。**

第十一章

Chapter 11

跟上园区规划的时代节奏

每个时代都会涌现更趋前沿的商业模式、科学技术和社会文化思潮，我们需要研究和利用这些新事物、新技术，掌握时代的脉搏，跟上时代的节奏，让自己立于时代的潮头和发展的前端。近年来，产业园区 / 产业地产的建设规划同样出现了一些新的模式、新的概念，比如“5O”办公园区、TOD 模式、海绵城市、智慧园区等。

一、“5O”办公园区

曾几何时，5A 办公是城市人群最向往的工作环境、办公空间。5A 所包括的 OA（办公自动化系统）、CA（通讯自动化系统）、FA（消防自动化系统）、SA（安保自动化系统）、BA（楼宇自动控制系统）也显现着它的高规格与高品质。在写字楼市场掀起的 5A 风潮中，恨不得任何一个有玻璃幕墙、有新风系统、有点颜值的写字楼都标榜为 5A 写字楼，否则就不时尚、彻底落伍了。然而，随着城市中心 5A 写字楼售价和租金的水涨船高，以及核心区交通拥堵、缺乏绿色环境导致办公职业病、城市热岛效应等诸多问题出现，5A 写字楼已经淡去了光环，办公人群开始反思办公环境问题了。这致使以苹果、英特尔、甲骨文、西门子、路透社为代表的世界级翘楚企业纷纷搬离传统城市核心区，进驻低密化的办公区域，甚至自建企业基地。

办公地点的选择、办公环境的好坏，不仅关系到公司的经营发展，也影响着员工的工作状态、工作效率。一个宽敞舒适、优美灵动的办公空间，对于树立公司企业形象、营造良好工作氛围也能起到非常重要的作用。办公地点于公于私皆有特殊作用，缘于此，5O 办公概念应时而生。

5O 即指 Oxygen（氧气）、Office Park（花园办公）、Open（开放而自由）、Own（独立冠名权和私家电梯 / 空调）、Opportunity(发展前景)。愈加重视生态、环保及舒适的 5O 企业独栋应运而生，堪称 5A 写字楼的升级版本，如图 11-1 所示。

图 11-1　大连总部公园的 5O 办公广告

5O 企业独栋办公的特点。

• **低密度、低能耗、高绿化：**传统写字楼有大量的灰空间且属于缺氧办公，而 5O 企业独栋办公的“有氧 + 生态”办公形态远远胜过传统写字楼。

• **不单调、不局促、愉悦化：**5O 特别注重环境营造及个人身心感受，令员工发自内心且愉悦地享受工作，心情好一切都好，工作效率自然显著提高。

• **开放性、灵动性、树形象：**在独栋建筑和公共空间中巧妙布局、精细装饰，让建筑更富有灵动性，满足企业个性化需求，充分展现企业形象。

• **高标准、高规格、严品控：**不仅对空间、景观、空气、绿植有建设配套要求，还包括独立电梯、楼宇独立冠名权等，这都给此类产品的打造提出了严苛的品质要求。

• **新区域、新集群、副中心：**5O 独栋办公所在区域一般属于政府极力发展的城市新核心区，重点打造新兴产业集群，不仅拥有便捷的交通、优美的环境，还有极大的发展前景。

目前，全国各地都出现了一批 5O 办公园区、5O 研创基地。这些 5O 概念园区在建设标准、运营水准上存在着差异。一个显著特点是园区在 Oxygen（氧气）、Office Park（花园办公）、Open（开放而自由）、Own（独立冠名权和私家电梯 / 空调）上较易做到，但偏于营运的、柔性的 Opportunity(发展前景)，不是瞬时就能够实现的。

二、基于 TOD 模式的园区

TOD 的全称是 Transit Oriented Development，即“交通引导开发”。TOD 模式要求以火车站、机场、地铁、轻轨等轨道交通及巴士干线的站点为中心，以 600~800 米为半径建立中心广场或城市中心，将各种用途设施及公共空间进行复合型布置，形成以道路为轴线的紧凑型市区。TOD 模式的城市中心最大的特点是集工作、商业、文化、教育、居住等为一体，使居民在不排斥小汽车的同时，能方便地选用公交、自行车、步行等多种出行方式。很显然，TOD 意味着便捷、高效、环保的城市规划和土地利用设计及空间设计建造形式等，最终实现从以汽车为中心的城市社区，转向以公共交通接驳步行、自行车为中心的城市社区，如图 11-2 所示。

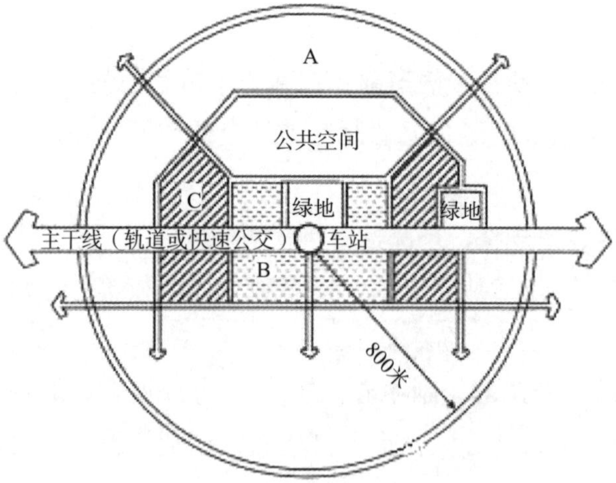

图 11-2　TOD 模式交通与空间示意图

众所周知，我国土地容量不断缩减、内生增长动力不足等问题日益凸显。当下，产城融合遵循“三生”与“五宜”原则，如何从单一的生产型园区向生产、研发、服务、消费等一体化的复合型园区过渡转变，是时下园区和产城建设的关键。城市产业园区选择TOD模式转变粗放型建设发展方式，即通过轨道交通（BRT）带动空间集约开发，并通过完善交通路网更好地服务产业发展，达到优化园区空间结构、引导产业集群发展、加快园区人口集聚的多重目标。

香港、新加坡等城市应用TOD建设模式成效显著，内地基于这些城市TOD案例的研究和阐述较多，相对集中在微观层面的轨道交通、公交车站周边的布局或社区规划，即狭义站点的TOD规划。未来城市建设仅依托局部的、零散的微观规划难以将TOD提升为城市发展的核心理念。目前，内地对产业园区TOD模式的理解及操作，往往局限于新建轨道站点的房地产开发，因此造成沿线站点功能同质化现象严重。

当下，产城融合必须摆脱大城市病，达成生产、生活、生态的“三生”融合，这一要求下的产业园区在空间、产业、交通等方面须具备新特征。空间方面，更加重视工业用地功能的更新和高效利用，强化产业、商业及社会生活配套的合理规划、协调完善，包括生产区、研发区、商务区、住宅、学校、医院等的统筹兼顾；产业方面，更加重视区域基础产业的转型升级和新兴产业链群的对接引入及产业生态体系建设，园区由单一产业主导向多元产业并重转型；交通方面，基于产业功能区域的货物运输需求增加且趋于复杂，同时百姓生活、娱乐等出行需求显著增加，对于交通出行便捷保障的要求不断提升，如图11–3所示。

产业园区功能组团的交通体系构建原则

● 通过轨道交通和快速路的双快交通系统，强化园区与主城区的空间联系与产业协同。

● 通过轨道（BRT）串联产业、商业、居住和文化休闲等功能组团，形成10 ~ 30分钟的工作生活生态圈。

● 构建产业园区周边相对独立、完善的便捷交通体系和工业园及物流园的货运道路系统。

● 产业园区功能组团的内部道路网络须满足生产、生活、商业等复合性交通需求。

如图 11-4 所示。

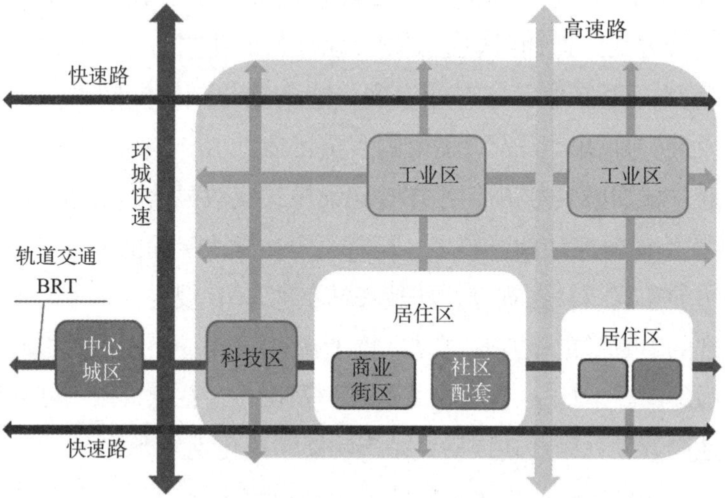

图 11-3　产业园区 TOD 模式空间规划示意图

图 11-4　基于 TOD 模式筹划产业园区建设

TOD 模式布局构建产业园区不单是产业地产商自己投拓筹划的问题，城市规划管理部门应该提早对区域的空间布局、产业协同有一个全面的、前瞻的一揽子筹划，在城市这个大棋盘上预先“打眼”“布子”，并引导产业地产商按照城市统一筹划，在合宜的地区建设园区载体并将合宜的产业引进来且运营好，而不能由着产业地产商的想法乱下棋、瞎布子。在这一点上，区域政府与产业地产商都要有大格局、大视野、大思路。

三、海绵城市——海绵园区

被俗称为给城市敷上“保湿面膜”的海绵城市是新一代城市雨洪管理概念，是指城市在适应环境变化和应对雨水带来的自然灾害等方面具有良好的“弹性”，也可称之为“水弹性城市”。城市能够像海绵一样，在适应环境变化和应对自然灾害等方面具有良好的“弹性”，下雨时吸水、蓄水、渗水、净水，需要时将蓄存的水“释放”并加以利用，如图 11-5 所示。海绵城市借鉴日本、北美和西欧的相关思想和经验，2015 年 4 月，我国海绵城市建设试点城市名单正式公布，根据地区得分，排名在前 16 位的分别是：迁安、白城、镇江、嘉兴、池州、厦门、萍乡、济南、鹤壁、武汉、常德、南宁、重庆、遂宁、贵安新区和西咸新区。

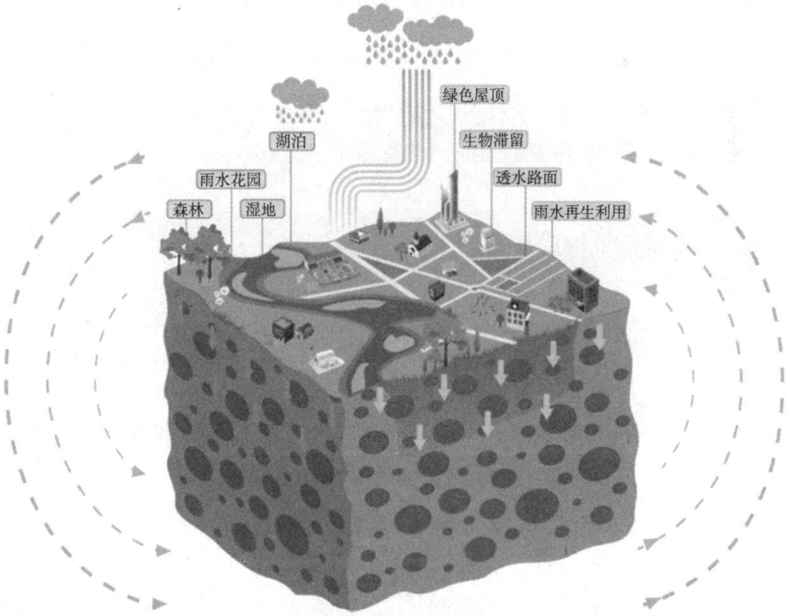

图 11-5 海绵城市立体构架

据悉，国内首个海绵城市产业园——泰宁海绵城市产业基地于2015年11月在北京昌平区开工建设。该产业园不仅在设计和技术应用上全面应用海绵城市理念，而且在功能上助推海绵城市产业的蓬勃发展。该产业园由中国建筑设计院设计，满足绿色建筑整体绿色二星、局部三星的设计标准。在园区设计中，融合了屋顶、广场等不同下垫面雨水收集技术，以及雨水花园、浅草沟等多种海绵技术。园区将汇集海绵城市相关的产业联盟、研究院、海绵基金、投资公司、建设集团等多个平台要素，旨在为海绵城市巨大市场提供全方位服务，加快推进我国海绵城市建设。

【案例】江西安源五陂海绵小镇

海绵小镇位于江西萍乡市安源五陂镇，项目总投资约30亿元，总占地面积5.35平方公里。海绵小镇是江西省首个以深厚人文和水文化历史遗产为底蕴，集海绵科技产业、滨水旅游、田园观光、康体运动、休闲养生于一体的“产城融合”海绵休闲小镇，如图11–6所示。

五陂镇原是五陂下国营垦殖场，历来为农业重镇。拥有3个省级农业示范园区，有几千亩森林资源、万亩有机农产品种植基地，中科院院士颜龙安的杂交水稻实验基地也在这里。依托于此，海绵小镇的休闲农业片区将发展为安源区最大的农旅片区。

图11–6 江西安源五陂海绵小镇

五陂海绵小镇以打造“七个一”为目标全方位注入海绵元素：即一个海绵产业总部基地；一个海绵产业创新创业福地；一个海绵城市咨

询部；一个海绵产业信息平台和互联网销售平台；一个海绵技术、产品展示馆；一个全国海绵城市建设培训基地；一个全国海绵产业永久性论坛。在空间布局上，以“一带一核四片区”的发展构架，建设产城融合的典范。“一带”即“十里花溪”滨河海绵景观示范带；“一核”即特色小镇核心建设区；“四片区”分别是幸福海绵家园示范区、山地运动拓展区、休闲农业示范区和宗教文化体验区。

海绵小镇建设牢牢抓住“海绵产业”这个关键，以“双创”为目标，积极引导、培育海绵新技术、新材料、新工艺，形成独具特色的海绵产业形态；要坚持生态发展、共享发展理念，打造和谐宜居的人居环境；要高标准、高质量完善基础服务设施，真正将海绵小镇建设成“山水田园养生地，产城融合海绵镇”，成为可复制、可推广的特色小镇全国样板。

海绵园区抑或海绵小镇的规划建设，通常的原则为：

- 园区或小镇自身是基于海绵城市的空间与建筑规范进行规划设计与建设的。
- 园区或小镇聚集海绵城市上下游单位 / 机构，实现产业链的搭建与自循环。这就是通常所说的自己先“海绵”再去造就“大海绵”。当然，一些规模大的产业新城会基于海绵城市理念和规范来规划建设，产城内并不一定非得集聚海绵城市产业的上下游企业。例如作为国家海绵城市建设试点片区的天津中新生态城，打造了一个产业多元、业态丰富的产业新城、文化新城和生态新城，但并未主打海绵城市相关产业集群。

四、智慧园区

智慧园区是智慧城市的重要组成部分。从概念上讲，智慧园区是指融合新一代信息与通信技术，具备迅速信息采集、高速信息传输、高度集中技术、智慧实时处理和服务提供能力，实现产业园区内及时、互动、整合的信息感知、传递和处理，以提高园区产业集群、企业综合服务、园区复合经营的可持续发展为目标的园区建设理念。通俗点说，智慧园区可以理解为“迷你版的智慧城市”，即利用人工智能、云计算等技术，让研发写字楼、工业园等园区的管理更智能、更高效。智慧园区与智慧城市的技术框架也大致相似，可简单分为：感知层、数据和平台层、服务应用层。感知层包括摄像头、门禁对讲、人脸识别闸机、报警器等；数据和平台层是以数据存储、分析为主的综合管理平台；服务应用层包括人员与车辆管理、物业管理（包含设施设备管理）及园区 / 社区运营等。

记得六七年前笔者在写《产业园区 / 产业地产规划、招商、运营实战》一书时，智慧园区尚未露出尖尖角，所以，在书中笔者提到了数字园区而非智慧园区。而眼下，智慧园区已被园区业界广泛认知，国内各地智慧园区发展势头正酣。有关方面预测，到 2022 年，智慧园区市场规模达 4000 亿元。据一位从事智慧园区建设运营的老总讲，全国从事智慧园区业务的公司大大小小已不下百家，华为、腾讯、阿里巴巴、京东等企业也都参与进来了，大家都在努力推行自家版本的智慧园区系统 / 产品。各地政府主导的园区和一些产业地产商兴建的高新园区都有意向建设智慧园区，走在前面的园区已经完成智慧园区的基本搭建。

提起智慧园区，乔布斯打造的 Apple Park 榜上有名。而在中国，智慧园区最具影响和最具市场的深圳及周边地区，其中，华为松山湖园区是智慧园区的代表之作。按照华为的理念，智慧园区发展趋势体现在终端的百花齐放及基础平台。终端的趋势是加速增长，呈指数级增长。平台成为一个共识，就是不论大小的公司都以平台为核心，构建园区的解决方案。该解决方案是以华为沃土数字平台为核心，致力于打造全开放、全融合、全连接的平台，最终实现万物互联。同时，算法平台开放给华为的合作伙伴和客户，从而让平台具备自主进化和衍生能力。在安防方面，华为尝到了甜头。华为把园区所有安防业务人员的业务通行集成在一个平台，实现园区事件可视、可管、可控，从而实现保安数量减少了30%～40%，综合能耗下降了10%～20%，同时设备寿命有所延长，如图11-7所示。

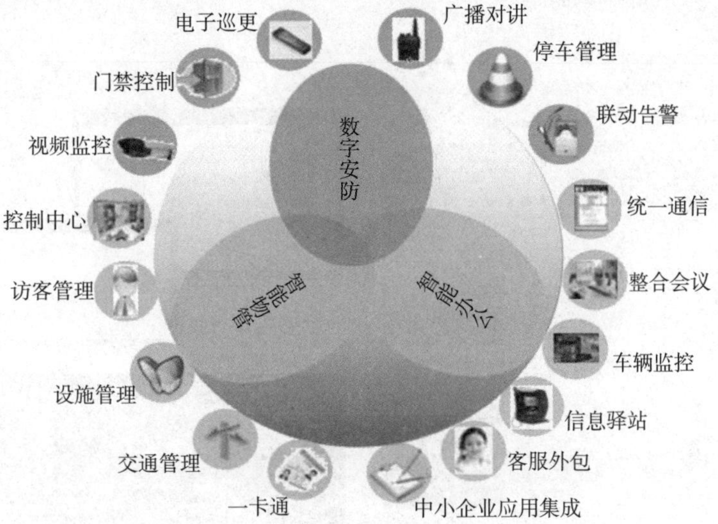

图11-7　华为智慧园区系统的主要服务功能

素有“北有中关村，南有深圳湾”之称的深圳湾科技园区是深圳市投资控股有限公司旗下全资企业，承担着新时期服务深圳高新技术产业发展的重任，深圳湾选择左邻打造Mybay智慧园区运营管理平台，为企业提供更优质的服务，打造园区产业创新生态系统，参见图11-8。

MyBay智慧园区运营管理平台打通底层数据，将空间资管系统、物业管理系统、服务管理系统、企业办公系统、电商平台和园区e码统一在一个平台上。通过一站式运营管理平台，提升服务品质、提高管理效率、发掘增值效益，构建园区生态体系，打造园区中长期竞争力。

MyBay重塑了园区生活。园区中的企业和员工通过Mybay平台与园区管理方联系更为亲密，管理方能更快速地响应企业和员工的需求，促进了园区自有资源的活力，进而促进园区内及周边经济活力。

MyBay的落地应用帮助深圳湾科技园区打通了信息孤岛，实现信息联动，提高管理效率和决策科学性；塑造了园区style，通过平台的功能服务，培育用户使用习惯，增加园区企业、员工和园区资源之间的粘性，形成园区特色服务；联动了专业资源，从而打造服务生态链，提升产业运营与服务水平；形成了数据沉淀，可反向优化园区运营，为进一步产业升级提供支撑。

图 11-8　MaBay 平台建设框架

在此举出华为和深圳湾建设智慧园区的例子，不单是为了让我们了解“智慧园区”的建设内容，更想借此探讨的是当下智慧园区应该从哪类园区入手，作为重点推广对象。从投资能力、需求迫切程度、园区行业属性等因素来看，区域政府旗下的开发区、高新区（自主创新区）、保税区（自贸区）等无疑是一类重要的客群对象；一二线发达城市的信息产业园、大数据基地、AI 人工智能产业园、云计算产业园、应急与安防产业园等本身就与智能化、智慧化脱不开关系，也是智慧园区系统推广应用的主要对象；三四线城市的环保产业园、节能产业园、化工产业园等对能耗管理、安全生产管理要求高，这类园区需要具备一定的信息化、智慧化基础管理配置，也是智慧园区重点推广应用的对象。

眼下，智慧园区很像一款汽车的高配款，选择高配汽车的客户是有特定使用需求和消费倾向的，高配汽车的销量不比中低配汽车，走的就是高端路线。但大家都知道，高配款的技术和功能迟早都会变成标配，只需要两三年而已。智慧园区也一样，“今天的高配，明天的标配”，这是大趋势。

当今社会经济、科学技术及商业经营日新月异，新事物、新模式层出不穷。本文列举的几个产业园区规划建设的重要概念与模式，是行业领域中的几个趋势性概念 / 模式，可以预料，随着时间推移，还会涌现更多的建设规划新理念、新模式、新方法。我们的园区规划建设也必须跟上行业发展的节拍，用心奏出时代最强音。

第十二章

Chapter 12

资源、资金、资产、资本——产业地产的四驱系统

我们都想“跨过高山和大海，穿过人山人海”，去领略美丽的风景。越过艰难险阻，见坎越坎、遇沟过沟，想从容应对前进道路上的各种沟沟坎坎，就得拥有一部四驱系统的越野车。产业地产不同于一般地产，产业园区是高度复合的行业，在这个行业想越坎过沟，感受诗与远方，就得配备独到的四驱系统。这个四驱系统就是“资源整合”“资金筹措”“资产管理”与“资本经营”，可称之为产业地产的“四资”驱动系统。

一、资源整合，让园区无限可能

何为资源整合，学术点说，资源整合是企业和社会组织对不同来源、不同层次、不同结构、不同内容的资源进行识别与选择、汲取与配置、激活与有机融合，使其具有较强的柔性、条理性、系统性和价值性，并创造出新的资源的一个复杂的动态过程。资源整合是企业和社会组织战略调整的手段，也是经营管理的日常工作。整合就是要优化资源配置，要获得整体的最优。

产业园区 / 产业地产涉及的资源有哪些？一言以蔽之，“政产学研资”就是园区赖以生存发展的资源。“政”即政府，政府是产业政策的制定者与实施者，是土地划拨、土地使用的决定者与管理者，也是各类产业资源、社会资源的协调者与统管者。所有这些预示着，要想做好产业园区 / 产业地产，首要的就是做好政府机构的协调和社会资源的整合，亦即搭接并理顺政府公共关系。在园区投拓拿地、规划建设、产业招商、综合运营、复制经营的全过程中，每一个阶段都离不开与政府的密切合作。让自己的园区项目成为所在地政府领导极为关心的重点项目是业界的共识，也是笔者一直倡导的园区营建准则之一。只有领导及相关政府人员关心园区，才可能大力支持园区的建设运营，而园区也要以良好的招商运营绩效回馈区域政府。无须讳言，一个不能与区域政府形成良性互动的园区项目，是不大可能取得良好营运业绩的，更不要奢望成为区域的标杆园区。

“产”即产业，产业是产业园区 / 产业地产的核心。所有建设工作最终都是以产业招商、产业集群、产业运营为目的或者终极目标。在产业招商和产业集群的过程中，通过房产载体实现直接收益。因此，产业资源整合是园区资源整合最为核心和关键的工作任务。产业园区，**没有产业，何谈园区？**当然，对园区单体来说，整合的产业资源需要符合园区的产业定位，是相对单一具象的产业资源整合；而对多地拓展、建设多个园区的产业地产商而言，整合的产业资源不局限在某个或某几个单一产业，需要整合的是广泛的产业资源，以满足不同区域、不同产业定位的园区需求。

“学”即学术与教育，大专院校与社会教育机构是教育学术资源的主导单位，因为大学与教育培训机构是人才的培养地、诞生地，这类资源还隐含着人力资源。“研”即科研或研发，它所涉及的并不只是技术类科研院所，还应该包括各类科研机构及科技型企业，“学”与“研”这两类资源能够带来产业园区 / 产业地产界的理论研究与实践指导，能够为业界提供人才与技术支撑，其衍生机构 / 单位还可以与园区紧密合作甚至进入园区，从而成为园区的进驻客户。尤其需要关注的是，社会上很多创业者来自大学、来自科研机构或者具有“学研”功能的企业，很多知名企业、龙头企业脱胎于大学和科研院所，其中不乏中兴通讯、联想、北大方正、清华紫光、东软集团、科大讯飞等一批佼佼者。因此，**对于“学”与“研”的资源整合，某种程度上是园区正在聚集和孵化未来产业，也是在为园区整合潜力型的产业资源。**

“资”即资金、资本，俗话说“钱不是万能的，但是没有钱是万万不能的”。资金、资本是产业园区 / 产业地产的供给线，没有了供给，缺粮食少弹药，一切战斗将是闲扯。资金筹措与资本经营，围绕二者的资源整合与经营运作将在本文后面继续阐述。

资源整合有时候也扩展为“政产学研资服用媒”，所扩展的“服”“用”“媒”分别为服务方 / 服务机构、用户方 / 客户和媒体，这些资源对于园区来说同样至关重要，但其需求的迫切程度及权重显然要逊于“政产学研资”。

资源整合对产业园区 / 产业地产的重要性不言而喻，甚至可以说园区干的就是资源整合的事。现实园区案例表明，资源整合得好，园区风光无限。特别强调的是资源整合是没有极限、没有止境的工作，只要心存高远，尽可无限整合、无限发挥，从而让园区一切皆有可能。

二、资金筹措，让园区健康走起

产业园区、产业地产的资金筹措应该包含两块内容，一个是产业地产商熟悉的园区建设资金筹措，另一个是容易被忽视的园区企业的经营资金融资。

园区产业招商及楼宇营销的难度远大于传统地产，现金流不比住宅销售，建设周期与投资回报周期要拉长。这种情况下产业园区、产业地产建设的资金筹措压力与难度增加，开发建设风险增大。小规模开发建设产业地产，园区项目数量少、体量小，经营压力风险相对小；大规模开发建设产业地产，园区项目数量多、体量大，甚至是多个产业新城同步开发建设，显然营建压力与风险都很大。如果资金筹措渠道多元、资金调度到位且现金流稳定，园区和产城项目能够较稳定地推进下去；如若不然，产业地产商的头上始终悬着达摩克利斯之剑。

有消息说，华夏幸福这家上市产业地产商采用了几乎所有的融资方式 / 手段，但 2018 年还是险些倒在融资的沟中，资本大牌平安及时出手拉了华夏幸福一把，才有了“幸福平安了，平安幸福了”的业界故事。

产业园区聚集的企业中无疑中小企业占比最多，尤其是民营中小企业。众所周知，中小企业融资难是一大社会问题，融资包含企业的债券融资和股权融资。大运营时代扑面而来，探索搭建园区金融投资服务平台，协助解决企业融资难题，是园区的责任，也是使命。这个平台搭建运行得好，园区在助推企业成长的同时，也在完善提升自己的运营模式，增强自身的复合运营能力，让企业和园区都能够健康持续发展，此乃共赢之举。

天津智慧山科技文创产业基地围绕中小科技企业和文化创意企业

融资难的问题，特别引进官方背景的城市科技小额贷款公司和文化小额贷款公司，在两家政府旗下的小额贷款公司的示范效应下，园区吸引聚集了一批投资公司、信用担保公司、小额贷银行、OTC交易服务平台等相关机构常年在园区开展投融资服务业务，积极助推了园区企业的经营成长。

三、资产管理，让园区保值增值

园区资产运营管理同样包括两方面内容，一个是园区的有形资产，涉及工业厂房、办公楼、商业设施、公共服务设施等建筑物业；另一个是无形资产，涉及园区运营管理技术（可以理解为运营模式、经营方法和关键技巧）和园区品牌，园区的这两块资产是相辅相成、紧密关联的。园区通过资产运营管理，提高资产的使用效率与效益，不仅提升园区物业租售价格，还提升园区形象与品牌价值，最终实现资产的保值增值。而且园区资产运营管理在保障现有园区经营绩效的同时，还将为园区项目复制经营、公司市场扩张奠定坚实基础。

园区资产运营管理是一项非常专业的工作，是对产业（企业）集群载体的物业经营，不同于住宅物业资产管理，与商业地产写字楼也有一定区别。园区资产运营管理是在常规园区物业管理的基础上，通过有效的资产管理手段，如前端管理计划、持有或出售物业分析、招商与管理绩效监控、客户关系维系、定期进行资产分析等，使园区在物业形象上历久弥新，在商务环境和品牌形象上愈加出类拔萃，达到所管物业的保值增值效应，持久创造优质园区资产。有资深资产管理专业人士说过：产业地产的资产管理，其一是寻求厂房、研发楼和创意空间的物业资产价值最大化，其二则是资产生命周期的超时延长。愈来愈盛行的智慧园区为园区资产管理也提供了上佳的方法手段，乃至演绎出一种新的园区商业模式。

笔者在深圳操持园区营运过程中，团队曾调查了解到深圳南山区科兴科学园凭借园区较为成熟的商业配套及会议中心等资产经营，园区办公楼宇租金比周边一些园区项目高出 10%~15%。业内人士透露，作为中国商务园区的重要代言者，大连软件园的物业出租价格也比周边办公楼高出约 10%，这同样离不开大连软件园卓有成效的资产运营管理。

产业地产商的重资产经营面临越来越大的压力，夯实园区招商和运营并借此拓展园区轻资产运营业务逐渐成为业界关注和推崇的热点。一些视野前瞻的产业地产商祭出“重资产 + 轻资产”的战略业务模式，而具有较成熟园区和孵化器招商运营经验的少数园区运营商 / 孵化器管理公司也举起了轻资产运营的大旗寻机接手园区托管业务。

提及大连软件园，自然就要提到其背后的园区投资运营商——知名的北派园区运营商亿达中国。据悉，近年来，亿达中国坚定实施“轻（资产）重（资产）并举”的全国发展策略，抓住各地政府产业升级、经济结构调整的诉求，凭借公司在商务园区开发及运营上的核心竞争能力，在全国范围拓展产业园区业务。2018 年，在成都、长沙、重庆、郑州、合肥、大连 6 个城市新获取 7 个优质重资产项目，为公司未来经营提供支持。在轻资产业务布局上，亿达中国强化项目管理、整合项目资源，力求提升存量资产运营质量，持续输出运营管理能力，2018 年，全年新增委托运营管理项目 10 个，新增管理面积 260.8 万平方米。截至 2018 年年底，在管委托运营项目 26 个，管理面积约 675.3 万平方米，产业资源进一步增加，整体累计入园客户超过 1000 家。“轻资产是作为重资产的先导，我们到一个区域是想先做轻资产，等到客户和政府对品牌认可之后，会进行重资产的投资。”亿达中国从事资产运营管理的一位负责人如是说。

四、资本经营，让园区遇见未来

园区资本经营涉及 PPP、产业基金、VC/PE 投资、行业并购、融资租赁、资产证券化及 IPO 上市，等等。

资本经营可以看作是园区经营的至高境界，资本经营离既不开资源整合，又与资金筹措、资产管理息息相关。依托资源整合拓展广博的“政产学研资”资源，让资本经营有了丰厚的“底料”与“食材”；而资金筹措与资本经营都是企业经营或项目管理的重要金融手段，更不用说资产管理之保值增值的过程相伴着更大规模和更具想象空间的资本经营。

基于PPP的复合营建模式，华夏幸福集团陡然幸福了起来，同时，华夏幸福通过旗下太库孵化器的全球技术转移和项目投资及多方资源整合，积攒了一批优质新兴产业项目；北科建通过资产证券化缓解自己多个园区的投资压力；同样是资产证券化，招商蛇口这个缔造了中国园区历史的央企，在园区40周年之际凭借在香港市场RELTs融资近40亿元，再次挥舞了一番领头羊的旗帜；一直被上海同行认为建设工业楼宇的张江高科凭借“股东＋房东”的产业投资模式给园区界献出一个惊艳案例；众创空间第一股苏河汇的主导业务是整合资本搞项目投资孵化；联合办公的独角兽优客工场耕耘五年终于在美国证券市场上市；重庆依靠产业基金将乌克兰马克西姆发动机招商引入两江新区的工业园，堪称近些年来产业基金招商的最大手笔；天津经开区依靠融资租赁探索为制造业企业开源节流……

资本经营是园区业务做巧做精的方法手段，也是产业地产商做大做强的重要途径。通过资本经营，让园区洞见希望，让产业地产商与美好的未来连线搭接。

资源整合与资金筹措是产业园区营建过程中必须先去开展推进的工作，就像汽车通常标配所设的后驱系统。而资产管理与资本经营是随着产业地产业务的进展深化而展开的经营工作，好比汽车通常加配的前驱系统。有过越野经历的朋友都知道，汽车单凭一轮、两轮驱动是过不了复杂路段的；大的沟坎和湿滑之地，必须启动四驱系统，方能迎难而进、化险为夷；而且遭遇大沟坎或深淤泥，通常由高速四驱挡切换到低速四驱挡，才能保障通过性与安全性。这也**再次提醒产业地产商，追求规模（超载）、追求速度（超速）有时候适得其反，尤**

其面临大风险之际，适当减缓节奏、放慢速度是务实之举，也是避险之道、制胜之道。

园区成长史实际上就是“资源整合”“资金筹措”“资产管理”“资本经营”的“四资”组合的恢宏巨制，如图 12–1 所示。资源、资金、资产与资本，玩转这“四驱”，产业地产商 / 园区运营商尽管放手一搏。

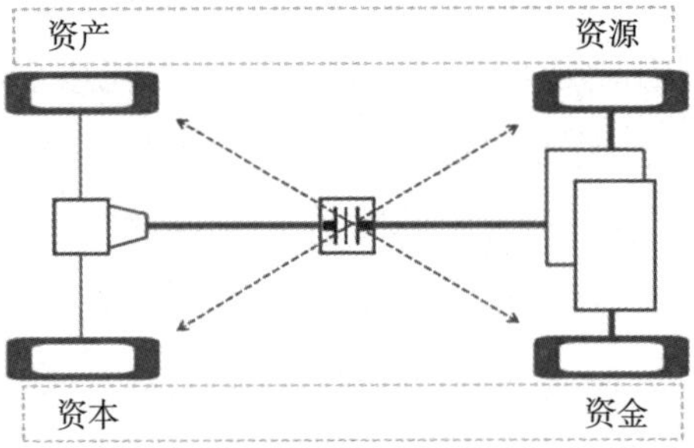

图 12–1 产业园区“四资”驱动系统

第十三章

Chapter 13

优胜劣汰的产业地产，小牌如何对决大牌

东风夜放花千树，更吹落，星如雨。如今，地产商纷纷转型建产城，产业商纷纷拿地做园区，更别提政府开发区一区多园，大学科技园异地拓展，产业地产行业正可谓千企聚会、万商云集。产业地产这片海由蓝变红，大家拥挤在红海中谁能提早上岸，谁能在沙滩尽情享受海风阳光，这比拼的是战略眼光与综合实力。产业地产业内千亿帝国的地产大牌与差钱少人的园区小牌同场竞技，小体格的小牌对决大块头的大牌，这样的对决故事每天都在各地城市上演，它值得我们聚焦关注、深入分析。

一、小牌的“三拼三不拼”

所谓狭路相逢勇者胜，并不适用于产业地产，小牌对决大牌，只可智取，不可力敌。中小产业地产商 / 园区运营商做到“三拼三不拼”，不失为明智之举。

这“三拼”是拼园区品质、拼园区特色、拼园区耐力。

1. 拼园区品质

什么构成园区品质，无外乎园区的硬件建设与软性管理。硬件建设涉及园区规划设计的前瞻性与合理性、区位交通的便利性、载体空间及配套标准的适用性、设施设备的性能质量、建筑品质与环境装饰等。软性管理方面涉及园区物业管理、商业配套服务、产业运营服务，等等。此外，智慧园区则兼容了园区的硬件设施与软性管理。

园区品质是行业竞争中最基础与最硬核之处，需要一定创新，更依靠匠心打造，也需要事业情怀的支撑。

2. 拼园区特色

如果说评价园区品质会有多个固化指标，甚至说是对匠心的评鉴，那么园区特色是相对宽泛和灵活的，是对“创心”的评鉴。拼园区特色就要突出园区的差异化或者独特调性。这个差异化与独特调性可能是园区建设应用了新技术、园区营运采用了新模式、园区招商推出了新政策、园区服务实施了新举措；也可能是园区建筑产品类型独具特色、建筑环境怡人诱人、产业集群效应显著、公共平台夯实落地、运营服务持之以恒、创业投资孵化获益。

园区的特色有时候是十分明显的，一看便知、一听便响，但有的特色需要挖掘、包装和持续地宣传推广，并从园区的亮点逐渐形成园区品牌的组成部分，特色多了、亮点多了，园区品牌资源树越繁茂，园区品牌越强势。其实，园区品牌打造就是口碑营造的过程，通常说“口碑口碑，三口成品；好口碑多了，品牌就出来了”。以园区特色为基底打造的园区品牌，是差异化品牌、专业化品牌，业界及目标群体（企业、政府及相关客群）寻找的就是“众里寻他千百度，蓦然回首，那人却在灯火阑珊处”的感觉。

深圳星河 World 几年间一手营造文化氛围，一手推进产业运营，项目成了复合功能的产商副中心，商业、产业、文化融为一体，品牌迅速铸成并成为了业界亮点。东莞松湖智谷看上去很美的大厦却是生产加工厂房，工业上楼成了园区最大的特色与卖点。

3. 拼经营耐力

高周转、快回报是地产界挥不去的经营原则，以碧桂园、万科、融创为代表的地产诸强把此追求经营到极致。但高周转、快回报恰恰与园区的基础营建逻辑不相吻合，相对而言，产业园区是个慢工细活，偏向长线与“慢钱”业务。笔者在与碧桂园、万科等企业的沟通中了解到，他们想做产业地产业务，也投入了相当财力、人力与精力，但在经营理念、业务逻辑与营运管控上，仍然脱不开传统地产架构的禁锢束缚，高周转、快回报的系列指标像一把利剑始终悬压在头顶，让产业地产业务一直处于徘徊、摇摆之中。

与大牌相比，中小产业地产商虽然也看重高周转、快回报，但没有那么极端，尤其是中小产业地产商必须做好一个或几个单体园区项目，才可能在区域和行业立足，所以需要在实现高周转、快回报和打造精品园区之间寻求平衡。基于此，这些小牌级别的中小产业地产商必须保持耐性，拼耐力、拼定性、拼长期向好经营，方能在与大牌的对决中寻得发展空间、保有胜机。静下来、稳下来，积蓄能量、伺机爆发。

而“三不拼”指的是什么呢？中小产业地产商 / 园区运营商与行业大牌不拼资源、不拼规模、不拼地块即是务实之举。

1. 不拼资源

我们都清楚大牌企业、大型园区往往在产业资源上具有优势，无论是早先拥有的资源还是后期整合的资源，这就是“大牌”先天具备的人脉、资本、品牌优势的集中体现。

伴随恒大电动汽车面世并以此在各地拓展新能源汽车产业基地（园区），2019 年 11 月，恒大在广州召开新能源汽车全球战略合作伙伴高层峰会。峰会云集了来自德国、英国、法国、奥地利、意大利、西班牙、日本、韩国、美国等国家的 206 家汽车产业龙头企业，包括 13 家世界 500 强企业，广州市市长、中国工程院院士也亲自前来为峰会助威支持，会议规模之大、规格之高、影响之广，堪称世界汽车发展史上前所未有的史诗级“聚会”，如图 13–1 所示。

图 13–1　恒大新能源汽车全球战略合作伙伴峰会主席台合影场景

碧桂园 2016 年千亿元科技小镇战略开篇启动就集聚思科、富士康等全球产业大牌和清华大学等顶尖高校，创新工场的缔造者李开复博士也前来助威，这不是每家产业地产商都能搞定的。随着人工智能产业的快速发展，风口浪尖上的机器人产业的龙头新松机器人公司凭借自身的产业 IP，实施产业资源拓展战略，让新松机器人产业园迅速在各地开花结果。

中小产业地产商没有那么大的综合实力与光晕效应，不大可能吸引和拥揽一批顶尖“政产学研资”的资源在身边，寻觅对等的资源合作，将资源整合做得更务实、更扎实，待自身实力与品牌逐渐成长，能够与行业大牌比拼之时，再吸引、整合一批高端的“政产学研资”资源，展开更高阶的行业竞争。

2. 不拼规模

招商蛇口“前港、中区、后城”模式可以再造一个城市，华夏幸福的每个产城项目都在数十平方公里以上，碧桂园一出手就要千亿元打造全国上百个科技小镇，联东 U 谷已在全国建设 200 多个园区……

规模即体量（整体规模与园区单品体量）。产业地产建设讲究分量、体量和流量，体量不够，单个项目的分量要足、含金量高，要有吸引眼球的 USP（有长效 USP、短效的昙花一现）。分量足了，也可以引人关注、吸引流量。

3. 不拼地块

产业地产商都想进驻好区域、拿到好地块，同为产业地产商，小牌在与大牌同场竞争时，很难占得先机，难以抢得发达城市的优质地块、理想地块。小牌在与大牌的地域竞争中，拿地策略可以不同，面对存在竞争关系的大牌，你在一线城市，我在二线城市，你在二线城市，我在三线城市；同在一个城市竞拼，你在一类中心地块，我在二类次级地块。小牌拿取的地块不如大牌，就输在起跑线了吗？地块好当然好，但地块不如意，并不等于没有希望。就像木雕艺术家可以把烂树根、破树枝雕成一件极致艺术作品一样，只要我们心中有创意、手上有技能，就可以变废为宝、化腐朽为神奇。具体到产业地产、产业园区，根据区域和地块调整园区产品策略，在产业新城、工业园、科技园、文创园等产品类型中选取相应产品或产品组合，针对原本不甚理想的地块，规划建设符合区域产业基础、满足企业生产需求的园区产品，产业定位也要因地而变。比如研发办公混合标准厂房；将科技 + 文创园打造成低密度的“5O”研创园；结合当地原有产业，在推进产业提升的基础上搞产业集群等，并通过适宜的运营服务赋能企业、赋能园区。

其实，不拼地块是被迫之举、是相对而言的。在与大牌同城竞地时，借助广泛资源抢得好地块也不是不可能的，只是几率较小。如果先期小牌曾经打造过标杆园区或具备强大产业 IP，那么在与大牌同城竞地时，也是可以小露锋芒的。当然，现实中产业地产小牌与大牌有可能同时拿到同一区位的邻近地块，此时，差异化战略中的拼特色、拼品质，就是小牌赖以竞争制胜的法宝。

二、产业园区，以小博大的智慧

以小博大，需要以智取胜、以巧制胜。上面分析叙述的“三拼三不拼”实际上采取的是一种基于回避策略的差异化竞争战略，强调市场细分、强调特色鲜明、强调功能复合。韬光养晦、赛马机制与剑走偏锋是相对弱势的产业地产小牌竞争准则的关键词。

韬光养晦：中小产业地产商在与行业大牌同场竞技时，尽量避免正面开战，采取迂回策略，遵循“认真做好第一个”“回避增量做存量”“高调低调相转换”的基本原则。

√ **“认真做好第一个”**是必须把自己的第一个园区做成功、做出彩，甚至做成标杆园区。有了成功的第一个园区，模式、经验、人才、品牌、资金都奠定了良好基础，在市场竞争中再去做第二个、第三个，愈加顺风顺水，而且慕名前来的合作方平添了各种可能。

√ **“回避增量做存量”**是很多中小产业地产商的经营之道，围绕存量地产、城市更新，把老厂房、老街区改造为文创园、研创园和创业社区，在一二线城市中颇为多见。这当中尽管有少数龙头地产商的作品，但数量、品质及复制状况还是以中小产业地产商（包括复合运营商）为主导。大牌做增量、大投资、重开发，小牌做存量、小投资、重运营。向复合经营要效益，靠深度运营走长远。

√ **“高调低调相转换”**强调中小产业地产商在市场竞争中不要过早地暴露自己的创意之处、创新之举，以及尚未成熟的经营特色，以免被同行、大牌获悉后迅速效仿复制并反超；另外，也是避免被人找到毛病、曝光问题，反制自己。当优势养成、强项铸成后，可以高调地对外宣传造势，并依靠优势、强项，大力开拓、积极竞争。

赛马机制：我们都知晓田忌赛马的故事，产业地产小牌与大牌的对决可以借鉴田忌赛马的策略。小牌尽可能把自己的长板放长、强项加强，在市场竞争中懂得藏拙于巧，利用赛马机制突出自己的优势、特色，拿强项与大牌的弱项比拼并对外造势。小牌的优势特色可能是大牌尚未关注和整合的具体事务、细节之处，这些优势特色在于发现、挖掘乃至包装。

剑走偏锋：笔者在《产业园区 / 产业地产规划、招商、运营实战》一书中曾经说过：把产业地产做得不像地产了，你的营运模式就该出炉了。不走寻常路，独具匠心、另辟蹊径、出奇制胜。**小牌与大牌的对决，基于差异化战略，做好园区品质化构建与园区专业化经营，此为产业地产小牌的竞争之道、生存之本。**

产业地产业界，小牌对决大牌的竞争故事每天都在上演，或残酷、或惊诧、或精彩。以小搏大、四两拨千斤，就必须找到支点，这个支点就是差异化战略。

第三篇
操盘策略，优思优行优方略

第十四章

Chapter 14

园区营建推进战法七连环

长周期的园区建设营运推进，好似一场旷日持久的战斗。在这场艰苦的拼争搏击中，若想占得先机、抢得头筹，就必须有自己独到的战略与战法。

笔者梳理园区营建推进的思路与步骤，提出“园区战法七连环”的策略，如图 14-1 所示。这一“战法七连环”主要包含：

- 选用一位善战“将军”。
- 组建一支“特战部队”。
- 绘制一幅“军事地图”。
- 制订一套“作战计划”。
- 配备一批高效“武器”。
- 祭出一套“战术组合”。
- 编制一套“军管”制度。

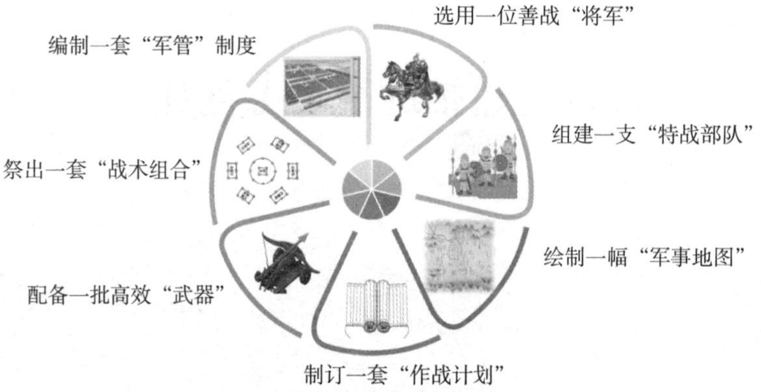

图 14-1　园区战法七连环

环环叠加的园区战法七连环，是园区建设营运方略的精简提炼，是战略思维与战术打法的有机统一。产业园区 / 产业地产的行业市场有如战场，如果园区推进掌握七连环战法，就能做到有备无患、来之即战、所向披靡。

一、选用一位善战的园区操盘手

这位善战的“将军”就是园区操盘手，善战的操盘手凭借过人的资历经验、实战能力和行业视野，带领一众兄弟开疆拓土，一路整资源、做规划、推建设、拓招商、搞运营，工作开展得有板有眼、有声有色。园区拥有一位优秀的操盘手等于成功了一半；反之，将军无能，累死一众弟兄也无济于事。这正是很多产业地产商、园区运营商重金挖聘资深操盘手的原因所在。

好比大将军的园区操盘手，可能是骁勇善战型的，有鼓动力、有带动力，善于攻坚克难，率领团队一路高歌猛进、勇冠三军；也可能是有勇有谋型的，帐中运筹帷幄，沙场冲锋陷阵，动静相宜、稳扎稳打。当然，像刘备那样虽然本领一般，但工于心计、善于聚拢人心，让一众猛士谋士甘愿卖命打拼的，也暂且算作一类。

选聘操盘手有原则，产业地产商、园区运营商要选对适合自己企业的“将军”。就像地产界经常调侃，碧桂园攒了一批希望快速致富的博士小伙伴，融创聚了一群像孙老板一样虎视眈眈的土地猎捕手和房销快枪手，找对你想要的“大将军”至关重要。企业与“大将军”理念不合、文化不调，半路分道扬镳，再度换将的成本很高、风险也大，还有诸多负面影响。当然，有可能企业老板亲自上阵操刀，但这一般都是中小园区运营商的打法。

二、组建一支“园区特战部队”

“园区特战部队”主要由担负招商的先头部队、负责园区综合企划的参谋部、主管园区运营的医护队和后勤部队等组成。

招商团队作为先头部队，努力拓展公共关系、整合产业资源，达成招商前置。保障部队看似不冒尖、不起眼，但它同样决定着一场战役的走势。如果弹药不及时送上、伤员不及时救治、粮食不及时供给，那么战斗结果可以预料。园区运营团队好比保障部队，若运营服务不力，园区如何吸引企业进驻？又如何留住优质企业？如果园区没有良好的运营，就难以获得区域政府的认同与支持，在区域中也得不到广泛人群的关注与互动，品牌难以树立，更别提园区自身的内生经营发展了类似参谋部的园区企划部门，不管是战略规划还是项目策划以及经营策划、管理企划，都关系到园区的战略经营方向与经营绩效。

具有一定人员规模的“园区特战部队”由多种、多支部队建编制组成。而直接关系到园区生命线的招商团队（小队），同样由多个具备特长的兵种组成，例如团队中拥有：

- 专攻信息搜集、产业研究的“侦察兵”。
- 有承担先头入场、扫街巷战的“陆战兵”。
- 一招中的、出手就招商搞定的“狙击手”。

三、绘制一幅“园区军事地图”

“园区军事地图”同样举足轻重，它关系着园区一系列“避坑（投拓之坑）”“躲雷（政策之雷）”“防箭（对手之箭）”的风险规避问题。“园区军事地图”涉及全国区域和城市区块两部分，全国区域的地图意在扩张复制经营，城市区块的地图意在局部市场竞争。

“园区军事地图”绘制的是区域城市选取图。按照公司设定的区域城市投拓条件，分别标注优先选取、次级选取的区域城市及城市地雷（一定时期内不考虑选取的城市）。

“园区军事地图”绘制的是竞争对手的城市据点图。一是标注竞争对手园区在各地城市投拓的区位，并分析其缘由；二是标注同一个城市内竞争对手的“碉堡”位置（园区所在地），掌握其布防与火力特点（综合营建情况）。知己知彼，百战不殆，明晰了对手的据点图、布防图，从而再去部署自己园区的阵地。

“园区军事地图”绘制“盟军”位置图。“盟军”是指具有战略合作关系的“政产学研资”等资源合作方、长期合作的中介服务机构，以及具有合作意向的区域政府等，标注它们所在的城市及所在区块，明确它们的位置，为园区的拓展画一张协同作战的网络图。

此外，还要绘制产业地图或称产业板块图。一是站在城市群发展的高度，知悉不同城市群及相关城市的产业发展定位、重点招商范围、产业扶植政策和现实产业布局发展情况等；二是明晰自己公司（园区）产业整合的领域在全国各地及重点城市的发展情况。**借助产业地图，既为自己园区的异地扩张做好准备，也为园区产业招商锚定方向、明晰潜在产业客群的聚集地。**

四、制订一套“作战计划”

没有计划、没有组织的战斗，像一群无头苍蝇的乱飞乱撞。在“大将军”操盘手的指挥下，“参谋部”战略规划部门或企划部门主导协调，与各个业务部门联合商讨制定作战计划，有时涉及战略视野和情报分析的时候，会寻求外脑智库——咨询机构的帮助。作战计划涉及园区（项目）战略规划报告、年度工作计划与阶段性推进方案及分项工作企划方案等。**战略性计划要保证园区营建方向的准确性、前瞻性，战术性计划要保证工作实施推进的可行性、落地性。**

园区“作战计划”编制原则，一是切忌纸上谈兵，避免“规划规划、墙上挂挂”“报告报告、相互抄抄”的尴尬现象，这一现象在咨询机构为企业编写的规划报告、策略方案中并不少见，咨询机构团队中补充具有实战经验的咨询师和具有创意能力的策划人十分必要；笔者经常参加园区项目的论证、评审，曾发现一些咨询机构的项目报告放之四海而皆准，这样的“作战计划”怎么能够保障打胜仗呢？二是计划必须明晰资源配置，合理筹划安排“人财物”等，尤其是人力资源储备、建设资金和营销资金筹措安排等。如果资源不筹划到位，打起仗来没有足够的兵源供给和弹药支持，再好的“作战计划”也没用。

五、配备一批高效“武器”

工欲善其事，必先利其器。什么是园区推进的“武器”？园区营运模式、招商技巧、运营方法都是“武器”，亦即园区营运手段。武器有常规武器，也有更高效的非常规武器，当下，园区的高效“武器”不断增加。比如园区建设和营运围绕资本经营，探索 PPP 建设模式，设立产业基金和天使投资基金，引入 VC、PE，实施资产证券化，等等。园区招商层面，与大数据公司、网络公司合作尝试推进大数据招商、互联网定向推送招商等。在园区运营上，建设智慧园区系统达成智慧化营运，委托专业化运营团队代管园区运营管理等。

园区的产业定位不同、物业载体不同，使用的“武器”不尽相同。产业新城适合利用PPP建设模式,科技园适合开展天使投资和风险投资，“互联网 +”产业园理当规划建设智慧园区，规模不大的文创园比较适合专业运营团队接手代理招商运营。

六、祭出一套“战术组合”

武器需要配合使用，战术更需要组合运用。园区招商运营一体化是笔者一直信守和推崇的园区营运原则。这个一体化不复杂，就是强调运营的重要作用、强调招商与运营的同步同趋、协调共进。园区建设与日常工作推进中，从理念、到工作安排和资源配置、再到具体任务推进，都需要有意识、有计划、有管控地做到招商并行运营，**力争每一项运营服务都凸现营销卖点，每一次招商推广都蕴含园区运营**！

如果园区招商运营一体化是一个偏重宏观层面的战术组合，那么招商工作的招法组合和运营工作的平台服务组合则更偏向微观实施层面。对招商十个招数的组合运用，就是兵来将挡、水来土掩的灵活机动招商战法，战法越是复合、越见功力。（参见本书《打遍天下的招商“组合拳”》一文）。同样，园区公共服务平台建设也是遵循组合打法，围绕市场营销服务、金融投资服务、科技咨询服务、人才中介服务、经营咨询服务和信息对接服务等，搭建与园区相宜的服务平台，并针对园区企业的实际需求开展具体的组合式服务工作。

此外，随着时代发展和科技进步，园区营运管理的线上线下组合日益成为趋势。智慧园区是支撑园区 O2O 业务交汇的一个平台、一个节点，园区招商和园区运营可以通过 O2O 无缝连接，高效开展。新媒体的兴起和大数据、VR、AI、5G 等技术的日趋成熟应用，让园区线上推广传播、线下考察商洽变得日益普及。

七、编制一套制度

纪律严明、雷厉风行、分工协作、整齐划一是培养“铁军”、保障打胜仗的管理基础。园区建设推进的第七环是编制一套“军管”制度，这套制度实际上是园区营建的管理流程与管理办法。随着园区策划和营建工作的不断展开和深入，必须提早建立流程化、标准化的管理体系，以便有效管控、夯实加强各项园区营建工作，确实保障工作绩效。围绕园区投资拓展、规划定位、工程建设、招商营销和运营服务等一系列具体建设流程内容，编制一套切实可行的管理制度 / 办法以强化园区的日常经营管理，并且在今后的园区营建中不断予以改进和完善。例如浙江恒生科技园五年多前就已通过了 ISO9000 质量体系认证，明显提升了园区基础经营管理，推动了科技园区营运工作的全面进展。

第十五章

Chapter 15

园区产业规划定位的简与繁

在产业园区、产业新城的前期策划中，产业规划、产业定位是极其重要的内容。很多产业地产开发商由于缺乏产业背景和相关经历，对此深感困扰，通常聘请咨询机构和资深产业人士来完成此项工作。而有着园区或产业新城建设经验的产业地产开发商，对此却举重若轻、不以为意。

一、产业规划与定位，简单并复杂着

业内普遍认为产业园区的同质化现象严重，其中产业规划与产业定位大多雷同。其实，这并不难理解，园区和新城的产业规划与定位一般都因循“国家产业指导目录”“国家战略性新兴产业发展规划”“产业结构调整指导目录”，以及区域城市的产业基础、未来发展规划而定，高大上的高新技术产业及附加值高的现代服务业自然是焦点、是核心。于是，举国上下奏响同一首歌《我的眼里只有你》，战略新兴产业成了各地园区的香饽饽。国家“十二五”规划确定了七大战略新兴产业：新一代信息技术、节能环保、生物、高端装备制造、新能源、新材料和新能源汽车。各个园区按图索骥，结合当地规划及自身资源，适当细化，产业定位便出炉了。如此一来，产业定位轻松搞定。

较真的园区是有的，产业定位岂能如此简单！调研分析宏微观环境，了解相关产业领域的发展趋势、市场规模、技术水平、产业链条、产能状况、产品可替代性、产业集群分布、产业扶植政策，以及区域产业基础、其他竞争性园区的招商运营状况等，这一系列调查研究工作不可或缺。除此之外，还有更加严谨地利用“漏斗法”等各类模型来研析区域产业定位的。即使针对专一产业领域，还要精研产业链、产业构成，譬如：机器人产业可分工业机器人、服务机器人和特种机器人三大类。其中，工业机器人产业链的上游涉及原材料供应商和零部件供应商，中游涉及本体制造商和系统集成商，下游涉及合作商、代理商及服务商，终端用户端领域涉及汽车、电子电气、金属加工、食品、橡胶塑料等；仅从上游的原材料供应商来看，又涉及精密减速机、伺服电机和控制器；工业机器人的全球龙头企业有日本的FANUC、安川，德国的KUKA、ABB等，国内以新时达、新松、埃斯顿和拓斯达为代表。这么一看，产业规划与产业定位的工作量和工作难度真的不容小觑。对比前面的产业定位做法，正可谓：园区产业定位，简单并复杂着！

二、产业定位的博弈性问题

在现实的产业规划与产业定位工作中，经常会面临诸多博弈性问题，比如产业定位的宽泛与精细，产业定位的保持与更新。

（一）产业定位的宽泛与精细

产业园区、产业新城的产业定位到底是宽泛、模糊一些好，还是精细、具象一些好？笔者认为，这通常取决于三个能力（条件），即产业资源整合储备能力、区域支柱产业的竞争力、区域产业集群的号召力。让我们结合实例来分析一下。

1. 产业资源整合储备能力

【案例】中交科技城，专注交通做产城

央企中国交通建设集团在西安高新区开发建设中国交通产业第一城——中交科技城，该科技城的产业定位以“交通新材料、交通安全装备、交通节能环保、交通技术咨询、交通信息化智能化”五大产业领域为主导。2017年7月4日项目奠基开工之际，就已吸纳了交通产业链的一批国内龙头企业、实力机构：正平路桥建设股份有限公司（股票代码603843）、河南大建桥梁钢构股份有限公司（股票代码833253）、陕西济通路桥科技有限公司、中北工程设计咨询有限公司、键桥通讯等，这些企业一起见证了未来自己的作业办公场地的建设启动仪式，并共同探讨产业集群发展模式和共享服务平台。

【案例】打产业整合牌的碧桂园科技小镇

房地产龙头碧桂园于 2016 年 8 月推出“科技小镇”战略，计划投资超千亿元，在全国范围内建设百个科技小镇。时至今日，碧桂园的科技小镇战略并非顺风顺水，其业务拓展状况和经营决心已被各界画下了个问号。本文对此不去过多评说，只想就其小镇扩展中的产业整合予以简介分享。碧桂园科技小镇前期拓展中的产业资源整合颇费心机与功夫，也呈现出一家龙头地产公司的魄力与手笔。我们可以借这一案例思考园区产业定位与资源整合的操作路数。

2016 年年底，潼湖科技小镇开篇之际，碧桂园即携手思科、富士康、清华大学、李开复博士的创新工场一同亮相，共同打造科技小镇。潼湖科技小镇项目（创新小镇及潼湖科学城）是碧桂园集团科技小镇的标杆项目，也是科技小镇的实验区，旨在打造以“物联网、智能制造及智能应用”为主导的新兴产业小镇，并以思科数据中心为依托，引导搭建从物联网研发、高端制造到智能应用等全产业链覆盖的产业生态，成为集研发、制造及应用为一体的物联网小镇。

此后，碧桂园的产业资源整合持续发力，相继与慧与科技 HPE（原惠普）、科大讯飞、中集集团、软通动力、中国产学研投融资联盟、达星资本、中科史太白、国槐投资、武汉东创等科技研发、工业制造、产业投资、中介服务领域的中外行业翘楚达成战略合作，共同推进科技小镇的建设运营。

2017 年 7 月，亚洲最大的线上综合高端消费及服务平台——寺库集团与碧桂园达成全面战略合作协议。双方将共同打造全球首座匠人特色文化小镇，在碧桂园项目开设更多寺库线下体验中心，力求打通双方超过 1600 万用户的服务体系，助力实体经济发展。作为引领线上奢侈品、精品电商的行业标杆，寺库业务已覆盖 3000 多个品牌、30 多万件商品。

中集集团（000039.SZ）是世界领先的物流装备和能源装备供应商，近 20 个产品持续多年保持全球销量第一，具备强大的制造产业基因。2017 年 7 月，中集集团发布公告，碧桂园以 9.3 亿元成为旗下产城发展平台——深圳市中集产城发展集团有限公司的战略投资者，增资完成后，碧桂园地产持有中集产城 25% 股权。中集产城为中集集团全资子公司中集申发建设实业有限公司的控股子公司，为中集集团的产城发展平台，业务涉及产业园区开发和运营、传统地产开发、商业运营、物业服务等。

2018 年 7 月，碧桂园组建全资子公司——广东博智林机器人有限公司，以机器人本体及其核心零部件、相关的机器人核心技术，智能机器人系统的研发、智造、运营为业务内容的科技型公司。博智林机器人开发研制中的产品重点发力建筑机器人，与房地产开发业务高度匹配，未来兼顾餐饮、物业管理、医疗、农业、智能家居、制造业等领域的机器人、智能设备及系统，如图 15-1 所示。

图 15-1　博智林机器人实验中心

2018 年 12 月，清华大学 - 博智林机器人联合研究院在广东佛山顺德正式揭牌，同时与碧桂园集团签署清华大学 - 碧桂园战略合作协议。碧桂园将充分发挥其产业优势，同清华大学的人才培养和科技创新优势紧密结合，围绕人工智能与机器人、土木建筑、人才培养等领域开展战略合作，从科研、教育和生产三方面深入对接，建设产学研深度融合的技术创新体系。碧桂园将在未来 5 年内投入 800 亿元在顺德建造一个机器人谷，以清华大学－博智林机器人联合研究院为依托，聚集全中国最优秀的机器人企业，吸引全世界范围内机器人领域的优秀人才来这里创业，如图 15–2 所示。截至 2019 年 5 月，公司成立不足一年，但已陆续递交申请专利 176 件，其中，自主研发的 AGV 导航精度已达到国内一流水平。

图 15–2　碧桂园机器人谷

中交科技城紧紧围绕开发单位中国交通建设集团的交通产业链“交通新材料、交通安全装备、交通节能环保、交通技术咨询、交通信息化智能化”为园区核心产业。这是产业板块企业建设产业基地理应采取的定位模式，产业定位。产业链通常很清晰（这类园区通常被业内认为是好招商、好做成的园区）。园区项目立项伊始就直接导入产业的项目往往在产业上具有背景优势或特殊储备，因此，这样的园区（基地）项目被政府所青睐，容易获取土地，且土地规模与建筑规模可能偏大。现实当中导入的核心产业、主导产业对土地和建筑物业的需求可能不足以消化特别大的体量（甚至只占总量的少部分）。于是，项目扩展产业范围以利于招商和集群（延展的产业范围不一定呈现在公开的宣传材料上）。产业定位延展的关键是尽可能地遵循相关多元化的原则，不要过杂过滥，而且在能够承受资金压力的情况下，适当预留一些土地和建筑空间。因为基于优质产业资源建立的园区，园区做得越专业，发展前景越看好，日后无论是园区内成长壮大的企业，还是外来跟进入驻的关联企业，对建筑物业的需求都是可期待的。

与中交建不同，房企龙头碧桂园推行的是大资源整合战略，没有先天的产业背景和产业资源，就依靠后发的资源整合来拓展充实。类似碧桂园这样的资源整合，好比把各类蔬菜、作料都先备足，装进储藏箱，针对不同区域客人的口味需要，再配菜配料，做不同菜系的美味佳肴。这种基于资源整合而展开产业规划和定位的模式，流程通常是（集团）公司先明确基本的产业方向，大致选取高新技术、现代服务业及文化创意产业当中的哪些产业门类，然后撒开网在全国乃至全球范围内整合储备相关产业资源。起初会比较笼统，目的是广泛达成战略合作。之后路分两支，一方面拿着现有的产业资源（项目）去寻找、对接合适的区域，让产业资源（项目）找到适合生长的土壤，亦即投拓建设产业园区/新城/特色小镇；另一方面，对前期已经拿下的产城地块，根据不同区域、不同“土质墒情”，从资源库中挑选相宜的产业资源（项目）进一步植入。无论哪条路，一旦对接成功，园区/新城/特色小镇的产业定位需要拨云见日、清晰明了。最后，继续根据产业定位整合更多的、密切相关的产业资源（项目），将资源落袋为安（招商落地）。这种产业规划、产业定位是从先期的相对宽泛、模糊，逐渐到精细、具象。

据此看来，园区产业规划与产业定位，与其说是规划定位，不如说是在资源整合。

2. 区域支柱产业的竞争力

【案例】临沂经开区工程机械一路走强

山东是中国工业机械产品的第一制造大省和第一消费大省，山东临沂与山东济宁、江苏徐州等一并为我国的工程机械生产基地。临沂距离其他两市里程均等，呈三角稳固之势，是中国工程机械产业南北相连的重要节点。临沂在全国工程机械产业的布局上，具有举足轻重的地位。山东临工工程机械有限公司（临工）是国家工程机械行业的大型骨干企业，中国机械工业 100 强，2004 年进驻临沂经济技术开发区，目前专为临工配套的企业达 20 余家。截至 2016 年年底，临沂经济技术开发区的工程机械行业已达 80 多家，形成了以沃尔沃—临工、山重建机、柳工机械、三一重工、华夏重工、鲁一机械等整机生产企业为龙头，以临工金利、金利液压科技、正大机械、全能机械、日本胜代、山诺机械、无锡蓝力、联创重工、韩国明诚机械、三友重工等配套企业为支撑的工程机械产业集群，生产门类达六大类整机产品，关键零部件产品 40 多个系列。

由中国国际贸易促进委员会临沂市委员会主办的中国临沂工程机械工程车辆及建筑机械展（每年一届）成了行业标杆盛会，如图 15–3 所示。

图 15–3　临沂每年举办行业盛会——工程机械展览会

区域在某些产业领域有着良好的产业基础，这是天生丽质。在区域优势产业的基础上，扩展产业集群和推进产业提升，这是美上加美。临沂经开区基于临沂及山东在全国工程机械领域的厚重积淀，延续这一产业定位，不断强化集群效应，让园区有产业龙头，有配套支撑，还有行业服务（中国临沂工程机械工程车辆及建筑机械展），称得上软硬兼备，为临沂继续创造美好的工程机械产业未来。

区域拥有优势的产业基础，在这个区域建设产业园区自然就可以将产业定位制定得精细、具体。反之，没有以往的优势产业，园区的产业定位如果也特别地精细化，恐怕在实际招商聚集过程中，实现的难度较大。若要取得突破，就得大大提升资源整合能力，依靠“刺刀见红”

的招商来实现相关产业集群。园区意外落入产业龙头并带来一个产业链的例子的确有，可这样的好运气不是家家都有的。

3. 区域产业集群的号召力

【案例】武汉光谷锚定北斗产业

在地球空间信息产业方面，武汉具有明显的发展优势。资料显示，目前全国测绘地理信息领域共有19名院士，武汉独占8人。同时，武汉拥有我国唯一的测绘遥感信息工程国家重点实验室和唯一的地球空间信息产业化基地，聚集相关企业600余家，已基本形成相对完整的地球空间信息产业链。

作为国家863计划地球观测与导航领域全国唯一对接地，位于武汉的光谷北斗控股集团（光谷北斗）欲竞夺北斗的产业“天元”地位。中国工程院院士刘经南领衔的“卫星导航定位技术研究中心”已经建成了我国首个省级北斗地基增强网；两院院士李德仁领衔的“测绘遥感信息工程国家重点实验室”和光谷北斗是目前国内唯一的国家级地球空间信息产业化基地及对外科技输出的平台企业。光谷北斗也是中国“北斗走出去”国家战略执行者。目前，中国北斗系统已经引入泰国、马来西亚等国，未来将全面进军东盟市场。

2014年年末，光谷北斗控股集团、中原电子集团、上海华测导航、武汉中海达卫星导航、大唐联诚、长江通信智联技术等国内近40家知名企业，在光谷达成北斗应用联盟，致力打造千亿北斗产业集群。

有产业基础的区域易于产业定位；有产业基础的区域还有耀眼品牌，如名企、名人、名技术及品牌故事等，就更易于精细化的产业定位。武汉光谷的北斗产业诠释了这一原则，在地球空间信息产业领域拥有近半数的全国顶级专家，以及由此形成的强大的产学研能力，一定会大力发展北斗产业。

【案例】贵阳，大数据产业后来居上

众所周知，贵阳新近成了国内又一个大数据产业基地，这得益于贵阳的天气、地质环境，以及便宜的电价等条件适宜大数据硬件设施的安置。但具备同样条件的地区有的是，此前贵阳在大数据产业并没有什么基础和显著的号召力，短短几年，北京和全国的一批大数据企业进驻贵阳高新区，贵阳大数据产业蒸蒸日上。有人不禁会问，为什么贵阳瞄准上大数据产业并取得超快发展呢？这当中原因很多，但不得不提的是贵阳大数据产业背后的掌舵者、时任贵阳市委书记陈刚同志（此前任北京市朝阳区区委书记，后当选北京市委常委），这位博士、教授级高工出身的掌舵者对大数据产业有着精深了解和独到眼光，并充分发挥其号召力与组织力，推动了大数据产业在贵阳的快速集聚发展。

贵阳大数据产业属于在没有历史基础的地方造就高新技术产业的案例。可以看出，一个区域即使不具备产业基础，也说不上有号召力，但只要拥有了有号召力的带队者、领头羊，仍然可以书写产业传奇。

（二）产业定位保持与更新

园区、新城经过一段时期的运营，加之科技与经济的迅猛发展，园区的核心产业、主导产业往往不再是星光熠熠，逐渐归于平常甚至走入了没落。产业在升级，区域在转型，城市在更新，园区提升更新的步伐也在加快。之前随着电子商务的快速发展，一大批工业园向电商园转型，成功者有之，业绩平平乃至落魄的也不少。当下，AI、5G 等产业成为大趋势，一些传统园区纷纷将产业定位转向 AI、5G 等相关行业领域，期待借机二次发展。

老园区欲焕发二次青春，产业定位紧盯未来产业、热门产业是大势趋势。有意思的是，产业二次定位再次面临“产业定位的宽泛与精细”问题，产业资源整合储备能力、区域支柱产业的竞争力、区域产业集群的号召力仍然是影响二次产业定位的关键因素。

产业规划与产业定位关系到产业园区、产业新城的未来发展，清晰精准的定位将加速园区、新城的经营发展，但定位是一个相对概念，前期不可能做到绝对的精准清晰。在前期工作中应该采取调研分析的综合方法进行产业规划与定位，力求精准、精细。强劲的资源整合能力往往可以左右产业规划与定位，让园区在产业构成与产业链的选择对接上能够丰满而不局促。后期强劲的招商能力可以弥补定位工作的不足，提升前期定位的层级，而且不论主动还是被迫，不论适应外部环境变化还是追求内生发展，园区都可能对产业定位进行再调整。

园区产业规划与产业定位，说简单不简单，说复杂亦并不复杂。

第十六章

Chapter 16

渠道策略，打通园区“任督二脉”

通则不痛，痛则不通，疏通筋脉，享受健康舒爽生活。园区招商渠道如同人体筋脉，通与不通冰火两重天。产业园区招商渠道既杂且多，总结一下，主要可以分为“市场拓展”“协会商会”“中介代理”“联合政府”“以商招商”等渠道形式。下面我们对这些招商渠道进行一番梳理分析，以期各个园区能够更高效地建立自己的招商渠道和提升招商绩效。

一、市场拓展

市场拓展也可以称为市场拓客，是园区采用线上线下各种招商方法 / 招数，在市场自由竞争获取客户的方式，是最基本、最常用的招商方式与招商渠道。市场拓展通常不是通过某些特定的渠道、特定的组织、特定的关系获客，而是依靠自身的营销方式获客，比如通过举办园区活动与潜在客户结识，借助事件营销吸引客户前来拜访，依托产业链招商直接对接龙头企业，采取圈层扩展方式聚拢相关产业企业……市场拓客通过全攻全守的组合式营销，搭建立体商战渠道。（有关市场拓展可参见本书《打遍天下的招商“组合拳”》的内容）

二、协会商会

行业协会与商会联盟是产业园区招商的重要渠道，搭建和充分利用这一渠道，先从了解协会与商会的历史及功能开始。行业协会是社会自治的、非营利性组织。改革开放以来，我国行业协会大多数是由政府兴办的，要么是政府直接或者间接组建行业协会，要么是由政府专业经济职能部门转变为行业协会。因此，行业协会从诞生时起便打上了很深的“行政”烙印，成为政府的附属、助手，这样必然使行业协会具有本不该具有的许多管理职能，政府官员兼任行业协会的主要领导更加剧了行业协会的行政色彩。这对行业协会的功能产生极大的影响，致使行业协会的独立性不强，缺乏代表性，社会整合力量不足，无法更好地为企业提供服务。因此，行业协会逐渐摸索转型，重塑独立性与“民间化”，或者称“非政府化”。转型之后的行业协会最重要的是树立其服务功能，为本行业中的企业提供各种有关经营方面的服务，包括咨询服务、员工培训服务、市场调研服务、信息服务、产品展览服务、国际商务联络服务等。

商会是市场经济条件下实现资源优化配置不可或缺的重要环节，是政府与商人、商人与商人、商人与社会之间相互联系的重要纽带。商会与协会有着千丝万缕的关系，甚至行业协会被称为一种典型的商会。在我国，商会联盟通常被理解为企业间自发形成的社会非营利性组织，与当初政府主导成立的行业协会有着些许差异。眼下，协会与商会的界限给人的感觉是越来越模糊了。

行业协会、商会联盟是企业及其产业机构的聚集组织，汇集大量的企业厂商和行业信息，是招商的优质渠道组织，自然成为产业园区关注与合作的重要对象。如今，全国的产业园区都明白招商工作必建、必选渠道就是行业协会和商会联盟。如果连这个渠道都不知晓、不联络，那么恐怕这类企业根本没进入产业园区界的大门。

笔者在咨询和调研过程中了解到，尽管园区都知悉必须与行业协会和商会联盟建立合作关系，借助这一特定渠道扩展招商；但现实中，很多园区反映，通过协会、商会获客的情况并不理想。不少园区认为，协会、商会对招商的作用不大。笔者在操盘园区招商过程中与协会、商会等社会组织共事很多。客观地讲，直接获取批量客户、成功招入园区的事例并不多见。这里存在着潜在招商效应问题，或者说短期招商接续中长期招商的效果问题。如果园区与行业协会这样的社会组织达成一个特别紧密的商业合作，比如针对节能产业与节能行业协会共赢合作联建节能产业园，这样通常会引进一大批产业企业。非此种紧密合作的方式下，一下子依托行业协会或商会联盟就招商引入成批企业的可能性不是很大，通过与协会、商会长期合作，扩大园区行业影响力及知名度、美誉度，达成招商的持续效应，大水漫灌较难达成，潺潺小溪流水般的引入行业企业进驻园区则更为现实。

园区与协会、商会针对招商展开合作，并不是加入协会和参加几个协会 / 商会活动那么简单。缴上三五千元会费、参加行业专题活动、交换些名片、联络一番、登门走访沟通，这只是协会招商的标准程序和基础工作。想通过协会 / 商会招商，不仅要了解入会企业老板的真实需求，还应该知悉协会 / 商会本身的潜在需求，帮助协会 / 商会解决那些他们自己一时难以搞定的问题或帮助其渡过遇到的难关，方能与协会 / 商会组织加深关系、推进互助。例如为协会 / 商会提供活动场地、工作场地，共同策划组织专业活动，为协会对接复合资源，提供智力乃至财力支持等。格局不同，思考及工作的内容不同，园区的收获就不同。

2019 年 5 月，重庆綦江工业园与上海铝业行业协会签订了战略合作协议，双方将在綦江工业园区发展规划、招商引资、项目建设等领域开展广泛合作。近年来，綦江工业园区铝铜加工（北渡产业园）重点发展工业用铝、汽车用铝、轨道交通用铝、建筑用铝四类产业，打造以铝、铜精深加工为重点的新型材料产业集群。上海铝业行业协会相关负责人表示，綦江区铝铜加工（北渡产业园）由核心产业和龙头项目作为带动，已经形成了相互依存共生的产业链。特别是北渡铝产业园以“铝电联营”为核心，“精深铝产品加工”为主导产业的循环经济产业链发展效益明显。未来将根据綦江铝液直供、自备电厂等铝产业优势，引导上海名优企业到綦江投资兴业。綦江工业园将借助此次理事会扩大招商引资，深入对接铝精深加工企业，拓展延伸綦江北渡铝产业园区的产业链条。

三、中介代理

城市写字楼和城市更新型园区往往可以借助地产中介代理机构，譬如房地产国际五大行和国内知名地产代理机构。而产业地产、产业园区的招商中介代理服务机构虽存在，但所起的作用却不尽如人意。在园区招商中介服务机构中，有不少传统园区网站，例如中国园区招商网、新园区网等，这些线上专业门户的宣传作用明显，且常年积累的产业资源的确转移给合作园区，但一个几十万平方米的园区不可能寄托这些专业门户机构解决招商问题。业内人士分析，产业地产业界缺乏像样的中介代理机构的原因很多，而以下三点尤其关键。

- **成交过程复杂、中介难以掌控成交流程。**据统计，住宅的平均成交周期一般是一周到一个月，写字楼的成交周期在三个月，产业园的成交周期需要八个月。

- **成交量低、佣金水平无法支撑成本水平。**上海等一些一线城市郊区的园区中介销售佣金费用高达 3% 以上，通常市中心的写字楼销售佣金一般在 1% 左右；开发主体开发的住宅整体营销费用不超过 3%，对外合作的中介佣金一般不超过 1%。但即使高达 3% 的中介费用水平，也没有中介愿意承包这门生意。从以往公开的上市公司数据来看，带有产业地产开发的企业，如华夏幸福、南京高科等，整体营销费用可以达到5%以上，一般的住宅房地产企业营销费用基本控制在2.5%左右，这表明产业地产行业的营销推广费用确实比较高。

- **属地特征明显、产品和中介服务都无法标准化。**产业地产的产业定位，与当地的产业基础条件紧密相关，与当地的人文特征、政府办事效率等也紧密相关，不像住宅产品可以打造全国各地通用的营销团队和管控标准。

- **产业资源整合难度大且资源对接影响因素复杂。**产业资源不同于普通的房产资源，产业资源整合的难度大、投入大、耗时长，而且产业资源对接过程中会受到区域产业基础、政策、产业链上下游等多种因素的制约影响，成功几率未必理想。

实际招商中会发现，非地产代理系的律师所、会计所、银行、投资机构、管理咨询公司等第三方服务机构都会对园区招商提供中介的机会，甚至招商中介的作用胜于那些房地产中介代理行。这是因为这些第三方服务机构掌握着较大量的民营企业、中小企业的信息数据库，且对企业的经营状况及投拓需求有相当了解。

四、联合政府

联合政府招商即搭建政府渠道招商，说白了就是园区绑定政府招商。有人会问：政府怎么会愿意让你绑定呢？这正是我们探讨的问题所在。

笔者操持的多个园区项目中皆实现了政府联合招商，而且很多龙头企业、实力企业都是政府帮助招商引入园区的。相信很多资深的操盘手都有相似的经历。做到绑定政府联合招商需要几个条件。

- 让区域政府领导感知园区全力推进产业招商与产业集群。
- 园区努力搭建公共平台、推进产业运营并带来亮点政绩。
- 园区全力打造区域示范性或标杆性园区，带动区域发展。

政府不可能帮助所有园区招商，之所以能够协同某个或某些园区招商，是因为这些园区让政府看到了科技研发、创业孵化、企业上市、人员就业、产值增加等一系列的积极努力与上佳表现，让政府感受到了区域产业集群、产业转型提升的希望。如果某家园区在上述这些方面或某几方面做得比别家园区好，自然就博得了政府的关注与支持，政府会协同这家园区招商，甚至把优质企业优先安置在这家园区，期待这家园区越来越好，成为标杆园区，从而回馈政府政绩。

五、以商招商

顾名思义，以商招商是让商家帮助去招商。什么样的商家可以去扩展招商呢？这里的商家重点指的是园区进驻企业。推进以商招商，我们同样需要搞清楚一个基本问题，园区进驻企业为什么愿意帮助园区去招商？有人会说，我们给招商奖励政策。诚然，我们理应设计并颁布以商招商的奖励政策，例如对参与以商招商的原驻企业可以减免其房屋租金或物业费，也可以从新进驻企业租金中提取佣金奖励或者购房款中提取提成，还可以给予园区相关服务费用的减免或享有额外的增值服务（商业配套服务或产业运营服务等）。

一个老客户愿意介绍新客户尤其是自己熟悉的人来使用他用过的产品，那一定是他对产品满意放心。进驻园区的老企业介绍引进新企业乃至关系紧密的企业跟随进驻园区，一定是原驻企业对园区的硬件设施和软性服务感到称心满意（当然也包括价格/费用），或者说对园区场所精神认可，才会愿意以商招商。园区硬件设施建好了，不是轻易能变的，不断变化提升的就是园区日常的服务，即物业管理服务、商业配套服务和产业运营服务。所以说，园区的运营服务对招商、对以商招商是多么的重要！

笔者在某三线资源型城市操持科技园时，过硬的科技公司比较少，好不容易找寻到一家软件公司，其老总是业内资深人士，不仅专业水准高、业绩好，还被人们尊称为“校长”。我们的团队与“校长”进行了多轮沟通，并帮助其软件公司拓展了政府资源并获得了政府支持，笔者也与“校长”成了好朋友，“校长”成功进驻园区。更可喜的是，“校长”发挥在业内的号召力，将一众“学员”，即关联的“互联网+”类公司一同带入了园区，园区成功实现了以商招商。

此外，园区人员还可能通过广泛的社交甚至一定的运气，获取了一些企业客户，这里就不一一举例了。

市场拓展打的是立体商战，是一种纯粹的市场营销（Marketing）获客行为。协会/商会虽然都是非营利性组织，但协会自从不由政府主导之后，也存在着自收自支的经营问题，所以，园区与协会的合作应该本着互惠互利的原则推进招商合作，而商会联盟更是基于商业目的设立的组织。园区与中介代理机构合作是完全的园区买服务、买资源的行为，所以说，协会/商会和中介代理这两类渠道看的都是利益（Money）。前面已经分析，联合政府招商和以商招商需要园区在产业招商、产业运营服务等方面做出一定亮点成绩，才会让政府和企业乐于帮助园区招商，其中的关键词就是园区复合经营（Management）。这就是笔者在此强调的招商渠道“3M法则”，如图16-1所示。当然，园区可能通过某些非固化的渠道或不能完全预料的渠道获取企业客户，例如通过亲戚、朋友、同学等获客。对于这样的渠道、这样的获客，笔者只想给出一个词“遇见”（Meeting），这样就变成“4M”了。

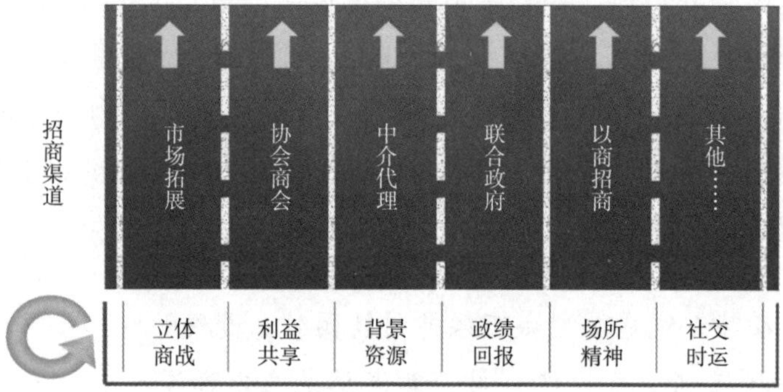

图 16–1　园区招商渠道及主要特点

任督二脉是人体的关键血脉，任督二脉若通，则八脉通；八脉通，则百脉通，进而强筋健骨、改善体质、促进循环。招商渠道好比“园区的任督二脉”，渠道不通，前进受阻，园区痛苦煎熬程序开启；打通渠道，开启快速前行模式，一个健康的、持续发展的园区就会向我们走来。

第十七章

Chapter 17

决胜园区的业务流程，搞顺了吗

产业园区 / 产业地产的业务流程，基本是按照土地拓展、园区规划、园区建设、园区招商到园区运营，最后是复制扩展（有的园区无对外拓展经营计划）。这是一个常规的、典型的园区业务流程，如图 17–1 所示。沿袭此流程模式，按部就班地推进园区建设营运，在经济上行周期和稳定的市场环境中还可一帆风顺；但经济下行或市场竞争惨烈的形势下，业务流程必然存在调整和再造的问题。近年来，笔者咨询和考察了许多园区项目，深感项目操盘团队的参差不齐导致园区绩效、品质的天壤之别，团队拘泥于固化的流程模式和体制架构，不能随机应变、推陈出新，是导致问题的主要原因之一。

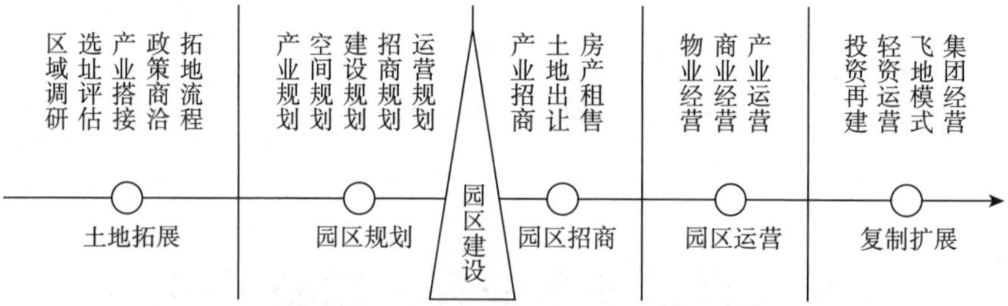

图 17–1　产业园区的基本业务流程

一、先理念、再模式、后体系

企业经营先制定战略经营模式，再构建经营管理体系，之后匹配人财物等各类资源，这是基本的经营管理之道。不容忽视的是，在确定战略经营模式之前，还有一个至关重要的理念问题，有时也称企业价值观或经营观念等。理念是经营模式的基础，我们日常在企业经营和商场打拼中经常会听到“我们理念不一致，很难合作”“道不同不相为谋”……理念是源头性的事物。理念相通与统一则百顺；理念不同，后面的一切事情很可能都会起冲突或投入打了水漂。

在产业园区 / 产业地产领域，一个多年来始终困扰产业地产商的问题就是产业与地产的博弈，即二者的摆位、侧重问题。对于这一问题的认识、定位将影响到园区业务的方向、策略、效益与品质。而老板的理念是最基础的理念，老板的经营理念前瞻、合理、可行，则企业的园区业务可能一顺百顺；反之，则可能走入一败涂地的境地。在各地的产业园区 / 产业地产咨询培训当中，时常会有人私下跟笔者诉苦："阎总，你所讲述提示的最好跟我们老板讲讲，最应该培训的其实是我们老大。"这话已透露出园区营建的风险问题，老板理念或是出了问题，或是与部下发生了理念冲突。

最近笔者在为北方某国有建设投资公司做装备化建筑产业园咨询的时候，发现这家国企就是先有体系，建设几年后再制定战略经营模式。而在模式研讨制定过程中，笔者发现上上下下的理念没统一，各种事情推进起来很艰难。

"先理念、再模式、后体系"是园区经验之谈，这是园区先期工作的重要原则，是"园区头条号"。

二、先调研、再定位、后规建

园区项目的规划是个考验知识、经验与见识的系统性工作，它涉及产业规划、空间与建筑规划、建设工程计划、招商策划与运营筹划，等等（参见《产业园区 / 产业地产规划、招商、运营实战》一书》）。**园区规划最先应该是产业规划定位，建筑空间规划紧随之，园区只有明晰以什么产业和产业链为主导，才好为相关产业配上适合的建筑载体群落，并去匹配合宜的经营策略与措施，这已是业界的共识。那些从空间与建筑规划开始入手的园区规划，已经与市场形势和行业发展需求不相适应。**以往园区的规划经常交给善于空间建设规划的规划院、建筑设计院，一并就把产业园规划定位了，也有的找咨询公司策划。之后在现实操盘中，甲方时常会抱怨项目规划看上去很美、内容高大上，但不落地、不符合区域实际。规划院、建筑院的专业优势是空间与建筑，咨询公司的优势在于环境分析与产业分析等内容。如果这些机构中没有资深园区人员的参与，项目规划一定程度上存在纸上谈兵的问题。

这也是笔者带队操盘时，会在项目规划报告的基础上重新编写园区实施方案的原因。

不是所有的城市都能快乐行走 AI 机器人！不是所有的地方都能瞬间启用 5G 大数据！你会发现某些地区的高新区真聚不到什么高新！你会看到某些城市的创意园真找不到什么创意！园区已不是圈个圈、建个园，就可以聚集企业、促进产业和带动区域转型发展的时代了。“跟着定位走、围着产业转”，是园区规划的常态。目前，全国园区普遍面临的一个问题就是千园一面，产业雷同化、经营雷同化，不论自己区域产业基础怎样，都瞄着高大上的产业来建设产业园。这个问题很严重。我们都知道拔苗助长式的建设经营，其产出的结果不是“死苗”就是“病苗”。

想避免千园一面，想避免在残酷的市场竞争中变成破壁残垣，就得先把园区定位做好，先得知道自己能吃几碗干饭。定位不是单凭经验的拍脑袋式定位，不是纯教科书式的理论化定位。**定位之前，我们必须开展大量的调查、访谈、研讨、评估等工作，经过定量与定性分析，方能有相对准确合理的园区规划定位。**“先调研、再定位、后规建”是园区项目规划定位必须遵循的基本准则。

三、先整合、再政策、后招商

有了项目规划、编了园区故事、背了介绍词，就急忙去招商了，行业老手们这时会跟你说：别着急出门，你的招商政策梳理了吗？政策对接准备好了吗？

产业园区的招商尽管跟楼宇、房子密不可分，但它绝不仅是房子那点事。一级开发的产业新城涉及土地转移，从事二级开发的园区是以工业厂房或研发办公楼租售为主，全国的园区大多属于二级开发，我们也重点针对二级开发园区来讲。二级开发园区招商人员的工作任务可以分列出两条主线，一条主线是楼宇营销，另一条主线是产业招商。楼宇营销的内容，传统地产转型产业的地产业务人员对此轻车熟路。

楼宇营销涉及的主要工作内容：生产或办公类楼宇营销策划与推广、客户寻找与沟通、房产租售流程办理等；而面对企业主的产业招商主要涉及：产业政策梳理筹划、招商宣传推广、产业客群搜寻与对接、辅助招商的园区基础服务到增值服务等，如图 17-2 所示。

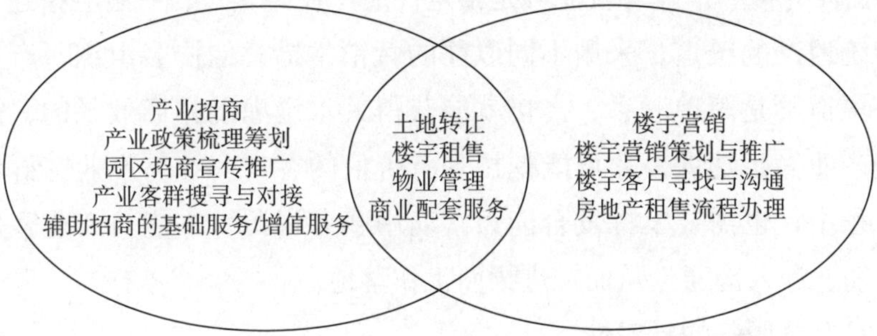

图 17-2　产业招商与楼宇营销的关系

产业招商与楼宇营销的交集在土地转让、楼宇租售、物业管理和商业配套服务。非交集部分的工作性质虽有相似性，但工作内容和难度迥然不同。地产商转型产业地产业务对产业招商不太适应或者搞不定，原因主要在于政策梳理的有效性、客群挖掘的准确性和洽商的达成性，以及运营服务的针对性等方面。

1. 政策梳理的有效性

产业招商增加了产业政策梳理筹划的环节。产业招商与楼宇营销的客群存在着明显差异，这是“产业”二字所决定的。不管是战略新兴产业，还是现代服务业、文创产业，甚至有点技术含量的制造企业（不涉及环保和高能耗问题），这些企业对产业政策是特别敏感的。它们也是政府及园区的关注对象。招商引进这些企业，必须有政策吸引、政策对接，正所谓“无政策、不前行”。园区要按照产业类型、企业级别和经营能级等进行政策细分，不梳理政策、不备好“政策包”，很难吸引优质产业企业。区域政府是政策的制定者、管控者，园区只是政策的中间协调者、对接者，因此，园区必须与区域政府（管委会）保持良好的公共关系，方能获取政府的重视和政策的支持。如果与政府的关系特别紧密，还可能额外获得“一企一策”的政策加持（参见《产业园区 / 产业地产规划、招商、运营实战》一书中的《联合招商与公共关系营销》）。

2. 客群挖掘的准确性和洽商的达成性

招商为搜寻产业客群尤其是锁定优质产业链客户，一定会搭建不同于传统地产的渠道，采用不同以往的营销举措，像协会组织、产业联盟等渠道不是简单联系、搭接就能获得大水漫灌的招商效果的，需要围绕产业做足功课，才可能挖掘到有价值的客户。在与产业客群对接的过程中，也需要发挥复合能力，动用多方资源，方能与产业客户达成互动、深入沟通，从而推进招商工作落地。

3. 运营服务的针对性

中国社会的大运营时代已来，依托运营服务增强自己的竞争力是大势所趋。产业园区 / 产业地产领域的市场竞争日益加剧，具有先天运营属性的产业园更将运营服务提到了至高位置，“运营即是招商”，笔者六七年前明确提出的这一观点进一步得到了验证。以产业运营为特色的园区运营服务具有相当的技术含量。针对不同产业、不同发展阶段的企业开展产业运营服务，不是每个园区都搞得定、玩得转的，产业地产商尤甚。因此，需要借助社会资源、社会中介机构，整合“政产学研资”等复合资源，共同开展园区运营服务，形成园区、企业和中介服务机构的共赢发展。

综上所述，园区招商政策梳理、客群挖掘与对接、园区运营服务都离不开资源整合。“招商之前理政策，政策之前先整合”，资源整合能力决定着园区招商运营的最终绩效，“先整合、再政策、后招商”成为招商铁律。也正像笔者总结过的：规划定位再华丽，资源整合不给力，园区仍在冬天里！

事半功倍与事倍功半，这四个字一样，过程与结果大不一样。做产业园区、搞产业地产，同样是那堆工作、那些事情，先后顺序不同、轻重缓急不同，工作绩效则大相径庭。

第十八章

Chapter 18

商业写字楼与产业园区的相生相克

一直以来，产业园区的研发楼与城市写字楼存在着错位竞争的关系。以往有人问园区招商人员"你们与隔街某某写字楼有什么差别"时，园区招商人员通常会理直气壮地说："写字楼就提供物业管理，其他的都不管，而我们可以帮助入驻企业……"这是园区招商说辞里最直白、最硬通的几句话。曾几何时，这一点确实是园区与写字楼的主要区别。两年多前，记得笔者作为写字楼等级评审委员会的评审专家参加写字楼专业活动时，即感知到中心城市的一些甲级写字楼在运营上已开始延展服务功能。而当下，诸多城市写字楼多姿多彩的运营服务着实让我们刮目相看。

【案例】中海写字楼借"中海云商"打先锋

中海地产是中国海外集团的房地产业务平台，专注于主流城市打造主流精品物业，中海地产的商业物业与住宅物业齐头并进，商业地产部分拥有"中海系"写字楼、"环宇城"购物中心、星级酒店三大产品线，遵循"统一业权、持有运营"的经营原则实施品牌化管理，已投入运营的持有型商业物业面积逾600万平方米，项目遍布北京、上海、广州、深圳、成都、南京、沈阳、济南、澳门及伦敦等国内外经济活跃城市。

"中海国际中心 · 云商战略"诞生于2015年，是互联网思维下，利用中海国际中心庞大的写字楼集群和未来超大规模的入驻企业及员工的资源优势，借力迅速发展的移动互联网高新技术，依托"海商汇"这一专业写字楼高端运营平台，整合商务市场链条上下游资源，向其商务伙伴提供"员工生活服务""企业管理服务"和"企业发展服务"三大板块的增值服务，以实现"智生活""智生活""优管理""优管理""促发展""促发展"。

其中"智生活"的落地内容丰富多彩，智能快递、智慧图书馆、智能电动车充电桩、智能呼车，通过中海云商的微信公众号都可以轻松获取。在商务楼宇的文化氛围建设方面，中海云商举办的多场白领运动会、写字楼室内音乐会、艺术展、公益活动，让原本冰冷的办公空间多了几分人文关怀。

在“优管理”方面，中海云商重点推出了新租户服务计划，为企业提供经营管理的成本管控解决方案；商旅助行服务，北京中海地产广场的首都机场巴士站点、成都写字楼地铁接驳车、西安中海大厦自行车免费租用服务等陆续运行，让入驻企业和员工的出行更加便捷。

“促发展”板块，行政服务中心进驻写字楼，协助企业获得政务服务“最后一公里”；在全国范围内举办了数十场中海云商智库讲座，邀请行业专家剖析最新政策热点、解读财务、法务、人力资源等专业热门话题，提供企业经营决策的智库服务；打造了高管俱乐部平台，搭建了写字楼内的生态圈，促成了租户之间的商业合作。

中海相继在成都和北京等城市建立云商体验中心，标志着中海云商由点及线，由线及面，逐步向全域服务发展、覆盖。中海云商体验中心能为企业提供联合办公、会议室租赁和会务服务等专属服务，更能实现中海全国写字楼租户的联动。比如成都中海写字楼租户去北京出差，通过云商微信平台便可轻松预订北京云商体验中心的临时办公卡位和会议室，更可享受专属酒店、用车、餐饮、购物等优惠和服务，甚至享受延误机关怀服务，乘坐机场巴士或专车直达机场，让商旅更加便捷、轻松。

中海云商升级了写字楼服务标准，催生了商务市场的新游戏法则。以往企业投拓仅考虑地段和硬件，现在更愿意选择一个事业合作伙伴；以往企业对写字楼服务还停留在基础物业服务的阶段，中海云商则提升了企业对写字楼服务标准的认知。而员工生活服务板块的“触网”，让租户可通过移动终端实现 7×24 小时的办公服务。

按照筹划，中海云商致力于打造办公楼宇生态链。这个生态链中，运营商、租户、联盟商家甚至物业公司都维持着平衡和互惠互利的和谐关系，最终实现共生共享、互利共赢。这不仅是借力移动互联网的一个新领域，更是互联网 + 房地产模式的重要变革，将开创一种全新的房地产服务模式。

【案例】华润写字楼从 Officeasy 到 MIX

2015 年 3 月，华润置地首个写字楼运营服务体系 Officeasy 在深圳发布。Officeasy 作为华润置地首个写字楼运营服务品牌，是以华润城市综合体为承载基础，集约华润集团内部优质的硬件及软件资源，为客户提供全面资产管理及标准化的整体运营服务，由此创建出一种新的工作生活模式。基于 Officeasy 体系，华润写字楼从资产管理、健康办公、智慧办公和文化办公四个维度，通过优美空间的打造、互动活动的参与、多样化增值服务的提供，激发每个人的工作热情，更希望每个人能在写字楼享受工作生活和个人成长。

1. 资产管理

写字楼客户既有租赁的终端用户，也有购置资产的投资者，而投资物业如何找到优质用户并通过运营不断让资产增值一直是行业难题。Officeasy 通过自有资产管理平台，帮客户盘活资产，为投资者引进租户、通知缴费、按时提供运营管理报告及跨年度租金预算，让客户的 Office 投资变得更 easy。

2. 智慧办公

Officeasy 能为企业及员工提供一个增长智慧的空间，不论是行业内的沟通交流还是员工的自我提升，都可以通过它搭建的平台、提供的活动努力达成。

Officeasy 联合入驻企业，定期举行行业交流活动，把握行业动态，发掘行业商机。同时，也为物业内企业员工提供各类专业培训课程，以满足员工对于自我提升的期望。此外，利用综合体配套的商业、酒店及住宅资源，Officeasy 还能为企业提供政府、金融服务联动资源，实现企业工商注册、政策咨询、金融服务、洽谈接待、团购等商务周期内的各项需求。

3. 健康办公

健康是创造财富及快乐工作的基础，对员工健康的关注体现了企业的关怀。Officeasy 可以提供健康管理服务与运动资源支持，满足员工的健康及舒适减压的需求。Officeasy 会组织运动俱乐部，利用华润商业综合体项目的体育设施资源，提供体育健身折扣，在为员工提供健康生活的同时，提升其工作专注度。同时，Officeasy将定期举办租户运动会、满足入驻企业及员工多样化的健康活动需求。

4. 文化办公

在深圳及其他城市的在建综合体中，华润置地会逐渐引入各类型的文化设施，如剧场、美术馆等。通过举办艺术沙龙、艺术文化节，引进艺术名家资源，凝聚艺术爱好者，满足入驻企业员工提高艺术文化修养的诉求。

通过Officeasy营造的更智慧、更活力的人性办公空间，写字楼用户利用早餐、午休、下班等时间段都可以找到自己心之所向的活动，结识志趣相投的人，感受到工作的快乐、生活的美好，最终实现每个人对工作的高价值创造。通过Officeasy搭建的平台，不管是出租、财务还是预算，不用自己前往物业，动动手指就能解决；平时商务活动中的接待、洽谈，一个指令就能完成。

在Officeasy推出后的2018年9月，华润置地秉承“品质给城市更多改变”的品牌理念，坚持高品质战略，再次将“万象MIX”基因融入商务办公领域，推出“MIX”系列商务生态综合体产品和第一个落地项目——万象企业中心。以此项目为开篇，探索商务生态平台的核心价值和未来办公新体验。

“MIX”并非一蹴而就。近年来，华润置地将触角伸向商务办公创新，屡次在行业内引起极大的反响。2017年，华润置地重磅打造的Officeasy横空出世，将创新空间（OE SPACE）、多元服务（OE PLUS）、智慧平台（SMART OE）三大板块整合，打造写字楼生态服务平台。随后短短一年时间，以该平台作为内核，华润置地持续围绕“商务生态综合体”这一核心理念，前瞻客户需求，不仅完成了从Officeasy到OE 2.0的品牌升级与迭代，更在上海万象城以模块创新的形式完成从共享空间到办公智能化的创新试点。

几位产业园区从业者在观摩了中海、华润写字楼的增值运营服务后，跟笔者说："大家眼前一亮，但心头也有些凉意，没想到写字楼的运营服务越来越与园区分庭抗礼，园区的原有优势在逐渐失去。""中海云商"与"华润 Officeasy"异曲同工，实质上是依托线上线下结合的运营服务方式全面提升写字楼综合服务水准和能级，这种模式会在商业地产界日益普及。一年多前在北京中粮广场写字楼的项目发布会上，发言人即表示：当下，写字楼的服务 App 早已不是什么新鲜事，中粮写字楼将呈现更加完善的线上线下增值服务……

显而易见，市场环境在变，商业写字楼走向复合运营且来势汹汹，这将给研发办公型园区制造不小的麻烦。商业地产与产业地产虽然用地性质不同，客群不尽相同，但近来招商和运营的边界越来越模糊，产业园区早先在运营服务上的特点或者优势将逐渐消失。园区办公楼与商业写字楼的前哨之战业已打响，如何应对新一轮的市场竞争？如何拓展和深化园区服务？如何借鉴写字楼的运营服务经验？这些问题成了园区运营者烧脑的新课题。而笔者认为以下六个方面应该是园区办公楼的突破口与立足点。

一、强化空间与建筑上的特色优势

商业写字楼大多集中在高密度的城市商业街区、商业中心，规模型园区多建设在城市边缘或者近郊，散落在各个城市区域中的城市更新型园区规模不一定大，但往往空间建筑更灵动惬意。不管是哪类园区，相较于商业写字楼，园区在容积率、空间舒适度、绿化率上通常占有一定优势。园区要继续保持和强化这些优势，更加注重园区空间建筑与场所氛围的构建，打造"5O"园区（Oxygen 氧气、Office Park 花园办公、Open 开放而自由、Own 独立冠名权和私享电梯 / 空调、Opportunity 发展前景）和灵动空间，同时提升园区各类经营活动的品质与个性，着力打造独特的园区场所精神，如图 18-1 所示。

图 18-1　拥有近百种植物的 TCL 国际 E 城

二、寻求产业定位及客群的差异化

很多年来，城市中央写字楼与园区相安无事，写字楼的行业客群主要集中在金融业、专业服务业、房地产业及后来居上的互联网、TMT。而园区的诞生从早期的工业园开始，生产作业型企业是园区的主要构成。伴随科技园、文创园的发展壮大，园区的属性在变化，客群随之发生变化。研发办公空间、创意办公空间成了新型园区的主流建筑形态，而中小型科技企业、文创企业及其相关产业链的服务机构成了各类园区的新主角。

成长中的中小企业的经济实力有限，办公成本预算会在一个较低的范围内，对办公物业的需求不可能偏重城市 CBD 或较好地段的写字楼，而选择一般性的城区写字楼恐怕又享受不到如中海写字楼这般的服务待遇。于是，区位相对偏远的产业园区成了中小企业尤其是科技型企业的首选。不要忘记，无论是规模型的综合性园区还是主打产业链的专业化园区，多年的经营发展让它们面对生产型、研发型企业客群时具有了先发优势，比如产业集群效应和产业扶植政策的丰满度与执行效率方面。

尽管品牌写字楼开始提供多维服务，但对中小科技企业、文创企业来说，服务的针对性、全面性、便捷性尚不能与某些运营良好的园区同日而语。这并不意味目前运营稳定的园区可以高枕无忧，在园区与写字楼的未来博弈中，谁能够笑到最后，比拼的是运营服务的广度、深度、品质与效率。

三、园区运营服务横向延展

园区运营是物业管理服务、商业经营服务和产业运营服务的复合经营体。既然写字楼的运营都如此多姿多彩了，一向以延展服务著称和见长的产业园区就更不能输在起跑线上。对照写字楼的物业服务、商业服务，找差距、找问题，及时弥补提升，保障在基础服务上不输给对方。同时，针对写字楼展开的产业层面的运营服务，整合资源，研究模式，抓紧补强。正可谓“你们有的，我怎么能缺呢！”“大家都有的，我要做得更好！”

四、园区运营服务纵向深化

在物业、商业与产业的“三业”推进中，相对商业写字楼的运营服务，产业园区的运营服务能够获得比较优势的自然在“产业”两字上，亦即更具难度和附加值的产业运营服务。产业运营服务的主要框架及内容基本上描摹园区的公共服务平台，园区按照自家定位，或针对科技型企业或针对文创型企业，选取需求最大和最迫切的服务内容，有重点、有步骤地开展与产业相关的服务。有经验的园区老手都清楚，园区企业由于规模相对小，且大多进取“在路上”，面临的经营问题很多，其中最大的发展瓶颈通常有三个，一是资金，二是市场，三是人才。围绕这三大瓶颈问题展开投融资服务、市场推广服务和人力资源服务，是最接地气、最受欢迎的。

按照长板原理，让强项更强，以占据竞争的主导位置。园区发挥既往优势，深挖产业链及产业圈需求，深耕产业运营服务就是造就自己的长板。

五、园区实施品牌化经营

园区针对目标客群，既要打造独具特色的场所精神，又要不断完善和深化运营服务内容，并通过营销推广逐渐形成符号化、品牌化，构建独树一帜的品牌内涵，形成上佳的知名度与美誉度。园区品牌深入人心，园区运营和招商推广相辅相成、有机融合。

园区通过品牌化经营，一方面，培育和提升潜在客户对园区品牌（包含经营服务内容）的关注度、访问度；另一方面，凭借良好的硬件与软性服务，提高园区现有客户的满意度与忠诚度，并增强口碑传播效应，最终形成客户以在园区工作为荣耀，就像北京国贸 CBD，不单在 CBD 内工作的人群会有些小骄傲，CBD 之外的人群通常也会羡慕地说上一句："呦，你在国贸上班啊……"

六、推进智慧园区建设

中海云商、华润 Officeasy 都是基于 O2O 的运营整合，充分利用了互联网思维及互联网技术，但它还不是一个完满的、全构架的智慧社区系统。当下，智慧园区逐渐成了趋势与热点，有实力、有前瞻思维的园区运营商应该考虑建设导入智慧园区系统，尽快实现全方位的智能化管理、智慧化经营，如图 18-2 所示。

多年来，写字楼与园区从大路朝天、各走一边发展到彼此交织、爱恨交加，这种相生相克的状况还将持续下去。中海、华润为代表的商业写字楼的复合运营也算是给园区同仁补了一课，"眼前一亮、心头一凉"是消极心态，"眼前一亮、为之一振"才是园区从业者应有的状态和进取之心。这一课如及时雨，让园区人冷静地看到：自己的路在何方。

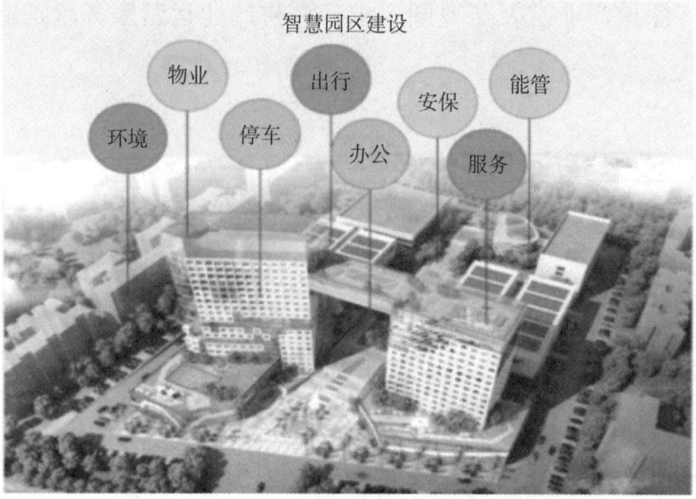

图 18-2　产业园借助智慧园区系统提升竞争力

第十九章

Chapter 19

立竿见影：招商的标杆效应

招商亦即营销，市场营销从传统的 4P 理论到 4C 理论及后来的 4R 理论，无论是以产品为导向、以顾客为导向，还是以竞争为导向，万变不离其宗，都要以满足客户需求为目的，以达成市场推广与销售为目标，以打造强势品牌并保持持续竞争力为经营核心。成功的营销势必要打造一个强势品牌，培育一棵品牌大树，就像我们畅游在一片树林中，最高最茂密的那棵树肯定格外吸引人和聚集人。园区招商 / 营销就要打造强势品牌，树立标杆园区。

一、园区标杆效应锚定、树立与维系

打造标杆园区的作用或者说标杆效应是什么呢？无外乎是锚定标杆、树立标杆和维系标杆的持续过程中的三个核心功效。

1. 锚定标杆，让自己的整体定位占据高端

一个标杆产品往往意味着其产品与服务、目标客群、产品价位、品牌形象不大可能走低端路线，而选取中高端路线。园区瞄准标杆，同样代表着产业定位、建筑空间与建筑配套定位、商业配套定位、招商客群定位、运营服务定位都趋向于中高端，就像微笑曲线，大家更愿做曲线两边的高附加值产业内容，围绕产业两极提供相宜的产品与服务。这也正是为什么如今科技园区、文创园区要比工业园、物流园更受到政府和社会各界所关注与推崇的原因。

2. 树立标杆，在市场红海搏击中独占鳌头

产业地产发展至今天，地产大牌、产业大腕下饺子般地抢滩登陆，想象中的蓝海已然不再，产业地产这片红海越来越红，这两年更是红得发紫。园区、新城、小镇项目越来越多，行业竞争越来越惨烈，如何在七零八散的行业格局中脱颖而出？如何在一片市场红海中独占鳌头？无疑是打造独树一帜的标杆园区，成为业界的扛旗者、吸睛者，占得市场先机，获得产业资源，博得政府支持，凭借高势能、强磁场把目标客户强力吸引过来、争取过来。更直白地说，从那些弱势园区手中把客户“巧取豪夺”过来，这就是标杆的效力！

3. 维系标杆，发挥品牌效应保障长期发酵

树立起标杆，还要保持标杆的屹立不倒，如此才会让自己不断蓄能、不断强大。打造标杆园区非一时一事之举，而维系标杆同样需要一个长效机制。标杆园区在建设的中前期可以大大助力产业园区的产业招商和房产营销，促进产业集群，加速资金回流；而中后期则非常有助于产业园区的运营服务、资产经营和资本运作，让标杆园区的品牌效应持续发酵、连续升温，保障产业地产开发商或园区运营商实现保值增值的长效经营，让一切皆有可能。

二、打造标杆园区五维合成体

打造标杆园区主要从五个维度寻求突破，是集“企业首选的标杆”“政府扶植的标杆”“社会关注的标杆”“同行效仿的标杆”“精英聚拢的标杆”等五个标杆为一体，形成一个复合的标杆合成体，如图 19-1 所示。

图 19-1　标杆园区的打造维度

1. 企业首选的标杆园区——给企业“长脸”

（1）在园区产业规划定位上谋定产业价值链的中高端；

（2）通过空间规划、建筑配套规划及建筑环境装饰，让园区从硬件上具备标杆园区的先决条件和潜质；

（3）通过领先一筹的招商运营一体化的操作，使园区逐渐占据区

域标杆或行业标杆的地位，努力成为大多产业企业在园区投拓中的第一顺位园区；

（4）发挥政策招商、产业链招商、公关营销等具体组合招数，力促、力保产业龙头、行业翘楚等目标客户的落地进驻，至此，围绕企业维度造就标杆园区之路距大功告成已然不远。

当然，在吸引、聚集产业链龙头企业的同时，不要忘记遴选一批优质小微项目，努力孵育和帮扶。这是在营造创新创业的产业生态环境，让龙头带动小微，小微涵养龙头。这也是在培养标杆园区的未来。

打造标杆园区，实质上是在为目标企业造就一个“长脸”的产业聚集区、一个“长脸”的生产作业场所，让园区风姿绰约，让园区品牌熠熠生辉，让企业以在园区办公作业为荣耀，这是园区品牌形象的“长脸”；通过标杆园区的持续运营，为入驻企业间接创造价值，帮助企业不断“长脸”，这是园区增值服务的“长脸”。基于这样的标杆园区，产业链招商、圈层招商或者以商招商将会一路高歌猛进。

2. 政府扶植的标杆园区——给政府政绩

往大了说，产业园区承载着推动区域经济、产业经济发展的重任，园区一手托着企业，一手牵着政府。“让园区成为市长、区长的项目”是笔者及诸多产业地产操盘手的共识。区域政府关注园区项目，时时来探访、每每听汇报、不时带客人参观，不断给予申报项目机会，这样的园区显然具有了良好的政府关系基础。

园区必须懂得投桃报李，这个“李”就是**为区域引进知名企业、为区域带来税收利好、为政府延伸服务功能、为政府创造亮点政绩、为区域发展出谋划策**。如此一来，相信区域政府更会另眼相看，对你们的园区深爱有加，园区成了政府支持的标杆园区，政府官员希望园区为区域带来活力、带来发展、带来政绩。而园区自然也会成为政府招商落地产业（企业）的首选园区，政府的招商部门愿意与园区形成互动、联合招商。

3. 社会关注的标杆园区——给社会亮点

社会广泛关注的，方是大成的。园区的社会知名度与美誉度是标杆园区的一个重要评价因素，标杆园区追求知名度与美誉度的同频共振，不但出名，还要有个好名声。这是典型的品牌营销、口碑营销。或许有人会问：园区只要做好产业链招商、圈层招商，何必还要特别注重社会关注度呢？殊不知，社会各界为园区"打 Call"彰显了园区的"大运营观"，产业园区并非视产业唯一论，产城融合的理念已深入人心，产业园区需要融入区域社会，区域社会也需要产业园区的集群带动与创新驱动，产业园区与社会各界的互动共赢才是方向、才有未来。

期待成为社会关注的标杆园区，那就要在新闻广告传播（公共媒介与自媒体）和公关活动（产业活动、社会人文活动）上狠下一番功夫，借助事件营销、活动营销和网络营销等，为区域社会不断制造亮点新闻。

4. 同行效仿的标杆园区——给同行范例

园区被业内同行所关注、研究和效仿，证明这个园区的营运水准和行业地位达到了相当高度，堪称业界标杆。同行热衷研究和借鉴的内容通常集中在园区的经营理念、战略模式、规划思路、组织架构、招商手段、运营服务和内生经营等诸多方面，也正是这些谋略与举措成就了园区经营的差异化与品牌化。

5. 精英聚拢的标杆园区——给精英商机

园区、产业新城是一个聚集地，不仅集群产业企业，还容纳配套商家，以及为园区提供产业链服务的中介机构。这些产业园共同体中，各类名企、名牌、名人汇聚于此，名家的构成比例决定了区域的活跃程度、成熟程度及发展潜力。打造标杆园区，也是打造精英园区和人气园区，搭建产商一体的平台，提供跨界经营的商机，让产业大牌、创业达人、中介精英、商业巨擘、社会名流在平台上翩翩共舞，让人才流、信息流、资金流带活区域，使区域日渐火爆，标杆园区也就自然呈现。

产业地产与产业园区行业已然进入了红海，僧多粥少的园区招商，标杆效应凸显，且对二三线城市的招商更具成效。**园区标杆效应下，标杆园区将获取更大的市场份额、更好品质的客群、更多的政策支持及更宽广的发展空间。就像俗话说的，"钻子头上加钢针"，强上加强。在其竞争挤压下，非标杆园区的日子愈加艰难，未来发展空间日趋狭小，**

这也是马太效应的又一个体现。

无论是区域标杆还是行业标杆，打造标杆园区是笔者一贯遵循和推崇的操盘思路及招商运营模式，并且因此受益多多。立竿见影，立起标杆，绝不能只看到标杆的光影，一定要彰显其摄人的影响力、号召力，对标杆园区来说，那就是强劲的园区品牌力、聚集力和辐射力。

第二十章

Chapter 20

不管 JQK 还是 678，练好防身之术

2019 年 4 月 2 日，黑龙江鸡西市政府召开新闻发布会，就《鸡西市招商引资优惠政策》《关于支持民营经济发展的若干意见》进行政策解读。鸡西市政府公开承诺：鸡西招商引资只出“678”，决不出“JQK”。很多招商老人知道，“JQK”是指过去某些城市在招商引资中采用把客商“勾”进来，“圈”住，再进行“卡勒”的现象。鸡西提出的“678”强调的是要把客商“留”下来，扶“起”来，再让客商“发财”。

早在 2016 年 10 月 18 日的国务院振兴东北地区等老工业基地推进会议上，李克强总理就强调，必须痛下决心优化营商环境，真正激发社会潜能，释放东北发展的内生动力。2017 年年初，辽宁省政府开始施行《辽宁省优化营商环境条例》，开展涉及政府诚信问题的专项整治，重点是涉及企业和投资者的政府承诺、承诺及其承诺兑现计划、承诺因法定或重大事项调整处置等问题。

东北的营商环境以往的确出过问题，很多拓展到东北的园区折戟沉沙，往事不堪回首。但谁又没有失误呢，知错就改、善莫大焉。其实，东北的营商环境出过问题，各地的营商环境也并不是尽善尽美，表面光鲜并不代表里面没有问题。

一、园区 / 孵化器被招商，小心套牢

当初北京丰台总部基地一举成名，让这一总部基地的开创者 ABP 公司名声大噪，各地的橄榄枝纷纷抛来，一时间花团锦簇，其中沈阳、青岛等市的热情也是格外高涨。ABP 公司陆续在沈阳、青岛、海宁及英国伦敦等国内外城市开启了总部基地的扩张模式。沈阳沈北总部基地作为重头戏，ABP 公司倾心投入建设，不承想，项目遇到了坎，困难重重。导致困难的原因应该涉及项目定位、区域基础、市场容量等诸多因素。但不得不说，当时区域政府给予 ABP 公司的支持并不合 ABP 公司的意。实际上，区域政府对于总部经济与总部企业的筹划与聚集不可能超越客观条件。有消息说，公司抱怨相关官员当初答应的协助招商并没有落实。如此，这又是一个“市场与市长”的常识问题，难

道现实中能够把宝押到“市长”身上去解决波诡云谲的市场难题吗？！

笔者近来接触到一个众创空间招商事件，涉及北方某知名开发区。青年才俊 × 先生是北京某影视文化公司的联合创始者，写过文艺书，拍过影视作品，公司业绩也不错。2018 年，北方某知名开发区的领导带队在北京招商，希望将 × 先生等创建的文化公司引进到该开发区，并承诺给予包括税收优惠在内的多项优厚政策。× 先生等人通过考察决定在该开发区注册新公司。开发区看好 × 先生的业界资源，再度希望 × 先生能够在开发区创办一家文创产业的众创空间，承诺对于众创空间的前期装修费、场地租赁费及部分运营费用都能够返补回来。× 先生被打动，决定在开发区创建众创空间，并先后投资了几百万元的楼宇租赁费、装修费和经营费用。但由于该开发区地点较偏，且多年来主导产业多为加工制造业及科技生产，缺少文创产业的基础和氛围，这让 × 先生的众创空间在项目招商和孵化运营上遇到了很大困难。加之 × 先生先天具有的文创人气质让其办理优惠政策程序时有些拖沓。过了一段时间，当 × 先生正儿八经地想履行优惠政策协议条款时，开发区相关人员却“踢起了皮球”，反复沟通的结果是 × 先生须为开发区招商引入足够的企业后，方可享受原优惠政策。× 先生对额外增加的要求十分气愤，一气之下将此事捅到了新闻媒体，在媒体关注的情况下，开发区的态度有所缓和，但先招商再补贴的要求并没有降低多少，× 先生感叹“人家的地盘人家做主，就是打官司也在当地打……”

二、园区 / 孵化器的防身之术

园区、孵化器被招商而拓展到异地区域时，“遇雷”或“掉坑”不是新鲜事。如何在被区域招商的过程中及之后的建设营运中，不落入套路、不被套牢，这里有学问、有技巧。如果能够做到以下“五有”，被套牢的风险相应降低。

1. 园区项目拓展有评估标准

园区异地扩张投拓，必须对意向区域审慎调研，并按照自己的项目投拓评估标准来定夺，绝不能人云亦云或乱花渐欲迷人眼。对于园区投拓这部分的内容，笔者将在本书的《区域与地块的选择，慧眼识“坑”》中重点分析。此处强调园区必须有自己的投拓评估标准，设计出自己的评价指标体系，拿出详尽的、类似“园区土地投拓评估表”“区块实地调研评价表”等投拓评估的规范性文件。其实，这样做的目的是尽量保证自己不投资在不该投资的区域。

2. 相关优惠政策要有可行性

有经验的产业地产商 / 园区运营商身经百战，都知道怎样与区域政府（管委会）洽商优惠政策以实现利益最大化。政府给予园区的支持政策，通常会涉及要求园区在一定时限完成一定的招商任务指标，在园区产业层级上达到较高标准，在园区运营上实现有效的服务性业务，其中一些条款、一些内容对园区比较严谨苛刻，以至于影响到园区完成指标任务的可行性和获得实际优惠政策的可能性。对此，园区既要据理力争，也要随机应变，最终目的无非是增加园区获取政策的机会和降低获取难度与风险。

3. 办理政策落地有速度效率

园区履行与政府达成的优惠政策条款，应该快刀斩乱麻，一切争取快事快办、急事急办。因为随着时间推移，政策施行把控尺度可能有变、政府补贴资金可能紧张、相关领导和主管可能岗位调整……因此，园区向政府承诺的工作内容尽量早完成，向政府申报的事务尽量早进入流程，有审核的项目尽量早邀约评审，有资金支持的项目尽量早备好验收材料……以快速反应、快速执行来规避政策落地中的不可预测风险。

4. 产业资源导入有节奏次序

园区做好产业资源整合及预招商，通常应该加快节奏和进度，力争一股脑地把合作引入的资源都放进园区里。但现实中我们发现，有些区域政府（管委会）在与园区合作中，政策是有节点和阶段性安排的，要求园区做到一定条件，相应的优惠政策和措施才会支持到位，有的地方即使园区工作到位了，但囿于各种原因，政策支持也会延迟甚至严重滞后。因此，有的园区以其人之道还治其人之身，在不影响自身工作进度的情况下，也适度采取了缓兵之计，资源整合留一手、项目进驻缓一下，看看官方反应再推进。站在园区的角度可以理解，一切做得都很好，政策仍未落地。可手里的牌打没了咋办？一旦政策支持到位了，园区应继续开展和加快相应工作，照此推进。

5. 帮助政府推进工作有政绩

了解园区项目所在地政府的工作状态和现实需求，力所能及地帮助政府人员推进工作、解决难题，并让其获得足够的政绩与荣誉。在区域政府和管理机构面前，要抓住机会展现园区团队的知识水平、复合经验、策划水平、执行效率等，充分展示一切可以展示的优点，帮助完成一切可以完成的任务，让政府官员从认可、熟悉园区团队到信任、联手园区团队。我们知道，当一个人比较依靠你，或一个组织比较依托你的团队的时候，这种紧密而依赖的关系对开展工作、获取支持、推进事业大有裨益。(参见《产业园区 / 产业地产规划、招商、运营实战》一书中《联合招商与公共关系营销》一文“第一要位是维护好政府关系”相关内容)

曾经“JQK”，如今“678”，区域政府与产业园区，招商与被招商，两位主角都经历了风风雨雨，这部招商大剧还将继续上演。可以说，这些年来各地的营商环境越来越好，但不和谐之音不可能彻底杜绝，不管“JQK”还是“678”，碰撞不断、冲突难免，产业地产商 / 园区运营商都应该以不变应万变，知己识彼，坦然应对，随时使出自己的防身之招。

第四篇
实战推进，务本务实务绩效

第二十一章

Chapter 21

区域与地块的选择

投资投拓对投资商而言像把双刃剑。选准了，经营借势而起、势如破竹；选不准，营运磕磕绊绊、步履维艰。“投资不过山海关”这个唱衰东北投资环境的口号让诸多投资商不敢迈越雷池。2017 年 12 月，相继曝光的雪乡宰客和毛振华控诉亚布力两起负面事件的余温未散，2018 年元月，京东集团刘强东却在两日内先后在哈尔滨和长春签订战略协议，并在沈阳与辽宁省委书记会谈，计划未来三年在东北进行超过 200 亿元的投资，推进东北产业升级、增加就业机会、注入技术创新动力、升级零售服务。

希望京东大手笔的投资能够助力“东北产”“东北造”迎来“第二春”。电商巨头敢闯关东，产业地产商们有此勇气吗？产业地产到底在东北还有没有发展空间？一位原籍东北、如今在北京从事产业地产的专业人士说：“投资项目哪里都有风险，谁说东北就不能做园区了？东北的营商环境、新兴产业确实有过问题，综合成本、项目难度的确不小，建出园区的水平与其他发达区域相比也可能打折扣。但是东北同样需要产业转型、产业聚集，需要新园区的出现，也需要老园区的提升。只要你把期望值放在合理的位置，做好打硬仗的准备，当然可以做起来。北科建在长春的科技园区做得就挺好。”这话听上去似乎在为东北打气，想起中兴通讯、总部基地 ABP 等公司在东北建设产业基地的境遇，多少还会心有余悸。其实，像业内早先就曾探讨的在二线以外城市做不做园区一样，一些三四线城市的状况与东北有一定的相似性，但业内的炎黄集团等一些产业地产商在三线城市也做成了，而且项目品质还不错。笔者心怀振兴东北的期待，感觉东北也好，三四线城市也罢，投资建设园区仍然是可选项，就像前面那位东北籍同行所言，“你要投资拓展，一定要做好应对各种困难的准备，一切事在人为！”

一、园区投拓的“五项基本原则”

在产业地产投资投拓过程中，各个产业地产公司都会对意向区域进行考察、调研、评估，投资拓展团队一般会采用类似《产业园区土地投拓评估表》这样的指标体系进行较系统的打分评估。评估指标通常涉及区域社会经济综合发展数据、产业基础、人才基础、市场环境、政务政策环境、社会人文环境、金融环境，以及区位地段、道路交通等一系列因素指标，其中产业基础、市场环境等多项指标还会涉及产业和地产两块内容，很多数据信息来自官方统计的数据及资讯机构发布的报告，部分信息数据需要同区域招商部门沟通索要资料，然后基于上述数据信息并结合测算的技术经济指标进行一番对比分析，还要加上对区域地块的现场感知，最后做出是否区域拓展、拿取土地的（初）决策。

大家应该记得2017年年底曾曝光的信息，2016年GDP首次超越浦东新区、成为第一国家级新区的滨海新区在公布2017年数据的前夕突然变更统计数据，对地区生产总值更改统计口径，由注册统计口径调整为在地统计口径，2016年GDP由原来的10002.31亿元调整为6654亿元，挤水幅度高达33%，着实让全国人民大跌眼镜。这是继辽宁、内蒙古公开GDP数据注水事件后的又一起GDP虚报事件。有专业人士预言，官出数字、数字出官，这几起GDP事件并非偶然，类似事件也不会到此为止。注水的地方GDP和眼花缭乱的数字游戏还能让人信任吗？要知道，城市GDP及相关经济数据也是产业地产投拓参照的重要指标，如图21-1所示。在一些二线城市深陷困境的一批产业地产项目除去自身的经营原因外，是不是受到过城市华丽经济数据的误导呢？至少不能排除！

产业园区土地投拓评估尤其是规模大的园区或新城，必须对意向区域综合性的社会经济数据进行评估，尽量规避投资风险。本文前面已经述及了一些评估的指标/因素，那些指标因素还涉及细化的分指标。鉴于类似GDP注水事件造成的城市评估风险，纳入区域城市评估指标的范围还必须扩展和深入，比如关注区域产业结构数据中的高技术产业占GDP比重、服务业占GDP比重等；上市公司数量与行业类别，城市拥有龙头企业、独角兽的数量与规模，这体现了城市的经济实力、经济地位，上市公司的行业属性体现了区域的产业基础、优势产业；

民营经济发展数据：民营经济占区域 GDP 的比重，民营经济税收收入占区域税收收入比重，民营经济占全社会固定资产投资的比重，民营企业从业人员占全社会从业人员的比重等；科技发展数据：R&D 支出占 GDP 比重、科技进步贡献率等。此外，一些统计数据也颇有参考意义，如人均可支配收入，衡量的是一座城市居民的钱袋子究竟是不是宽裕，从百姓腰包的角度去侧面衡量一个城市的企业经营水平及整体经济发展状况；社会消费品零售总额，这是考量一座城市人口规模和人口活跃性的指标，不管官方统计的户籍人口和常住人口有多少，他们究竟有没有在城市里进行消费，才是真正衡量这些人口是否为城市经济发展创造价值的核心；城市 / 区域政府债务的负债率，考察区域政府的城市运营管理能力，关系到园区投资建设后的一些政府政策性补贴能否顺利到位的问题等。

图 21-1　产业地产商审慎应对区域经济的数字游戏

产业地产商选择投资区域、投资城市，参照的定量数据指标确实不少，实际评估中应该是定量分析与定性分析相结合。有过投资投拓经验的团队通常会对一个区域的民营经济、产业链群、教育研发、现代服务业及营商环境等五个方面因素特别看重，笔者称之为园区投拓的“五项基本原则”，即投资优选“民营经济活跃之地”“教育研发雄厚之地”“产业链群集结之地”“现代服务火热之地”和“政商服务亲民之地”等。

1. 民营经济活跃之地

民营经济撑起中国经济的半边天，产业地产、产业园区同样需要借助民营企业撑起园区的半边天。生产型、研发型、服务型等各类民企构成了园区租售物业的主流群体，没有这些民企的加入，恐怕园区都不成园了。一个地区、一个城市民营经济活跃，园区的日子就好过。众所周知，北方相较南方，整体而言民营经济的活跃度显然存在差距，造成了北方产业园的招商营运有些不温不火。

2. 教育研发雄厚之地

大专院校多、科研机构多且实力不俗，这个城市的人才基础、研发基础与生俱来，产学研实力厚积薄发，使区域容易营造创新创业的氛围，发展新兴产业也就具有了先天基因，对产业园的集群发展显然是大大的利好。国内二线城市中的武汉、西安、南京都属此类。没有教育、科研的底蕴，城市社会经济发展到一定阶段，不仅发展速度会降下来，区域上升的后劲与空间也会骤减。我们都知道民营经济非常活跃、曾经叱咤风云的温州多年来以轻工产品加工生产为主导，但在高等教育和高新技术研发上不具优势，随着社会进步和科技发展，区域企业的产业层级、科技水平受到局限，发展势头放缓，昔日耀眼的光环也逐渐淡去。

3. 产业链群集结之地

拥有了产业链，区域前景一片光明。如果城市已经聚集起比较完备的产业链，在这个城市就可以围绕原产业链继续建设产业基地，打造升级版的产业集群。产业地产商在这样有着良好产业基础的区域投拓投资，成功的几率陡增，建设产业园区 / 新城的任务有二，一是紧紧围绕产业链，将全国乃至全球的顶尖产业资源整合到区域，形成“建链、补链、强链”的链式反应，进一步创新壮大区域首位产业；二是跳出产业链，按照产城融合的思维 / 模式，全面推进产业、商业、物业“三位一体”、齐头并进，建成绿色可持续的产业社区、产业新城。这两项任务相辅相成、不容割裂。

4. 现代服务火热之地

“城市富不富，就看有没有服务”“要想富，互联网 + 服务”。区域面临产业转型、经济亟待结构调整，除了高新技术产业外，现代服务业也逐渐成为热区与主流。而“互联网 +”给了服务业第二春。现代服务业与高新技术产业、高端制造业及文化产业等诸多产业存在着既互为补充又互相融合的关系，对于产业生态系统的形成与完善起着催化剂的特殊作用。就如工业 4.0，制造业与互联网、物联网可以实现深度整合，大大推进产业进步。中国一线城市、发达城市现代服务业的快速发展做出了良好示范。一个不争的事实是：现代服务业乃楼宇经济的重要支撑体，现代服务业企业是去化园区办公楼的重要构成客群。

5. 政商服务亲民之地

吉林电视台公共新闻频道曾经曝光了吉林市政务大厅工作人员懒政事件，让人唏嘘不已。如此的营商环境怎能引来金凤凰？长此以往，何谈振兴东北？如今，各级政府都在进步，服务型政府蔚然成风，如果还停留在上世纪的官本位意识里，只能被时代抛弃。产业园区、产业地产可以称是与区域政府同呼吸、共命运的一项事业，感受不到政府的亲民与服务意识，产业地产商是不会轻易砸钱投资的。当然，也有另一种状况，政府官员向产业地产商献殷勤，让产业地产商感觉俨然成了上帝。请产业地产商加以小心、谨慎决策，好区块的政府肯定是张弛有度的，过度的殷勤表现往往其后放着一个“笼子”。社会进步了，但并不是说 JQK 事件就绝迹了。

看好某个城市的潜力，但对该城市的几个地块拿不定主意，如果其中包含高新区、开发区的地块，那么就优选这样的地块。在高新区、开发区做园中园，应该是一个相对稳妥的选择。因为城市的高新区、开发区都是政府重资打造的产业新城，区域内的产业、商业一般都配置比较完善，行政管理与政务服务也比较到位，具有较好的发展基础，做其中的园中园，产业招商、产业集群、产业运营都相对省心省力、顺风顺水，颇有些站在他人肩膀上再攀高的意味。

二、实地考察看清区域的“真身”

在区域拓展的前期调研工作中应该特别重视实地考察工作，因为实地考察不只是区域信息数据的补充，更是对区域产业基础、市场环境、营商环境、商务环境等必要信息的最直接、最切身的感知，这类一手信息甚至比案头的研究分析更加重要。在实地考察中，政府招商部门通常会接待并安排既定参观线路，而我们可以不走寻常路，不完全按照政府招商部门安排好的线路考察，而另辟蹊径去考察调研，或者在完成既定线路参观后，自由安排考察目标和考察时间，以获取真实全面的区块信息。自行考察不是漫无目的、信手拈来，而是要事先策划，最好做出《区块实地调研评价表》，按计划行事。笔者及园区操盘团队在区域拓展考察调研中曾经归纳了数十个实情调研、微服私访的具体问题，涉及产业环境、商业配套、建筑物业、社区保障、交通配套、政商服务、入驻企业（经营）状况等具体问题，有些问题看似简单，却暗含了诸多细节。例如“区域地块共享单车配置使用情况”表面体现了区块交通配套状况（周边没有交通枢纽，共享单车的需求就少），其后还隐含了地块发展成熟程度、区域企业从业人员的数量与构成、周边商业与住宅公寓的配套情况（附近没有综合配套，对共享单车的需求就少）等问题。

参与区块现场考察的人员对直接获取的信息打分评判，就可以初步判别一个区块的经济发展、社区发展和地块成熟度等基本情况；一旦确定投资该地块，也能对未来园区的定位（层级、产业、规模、各类建筑物业配比等）有一个基础判断。《区块实地调研评价表》与《园区土地投拓评估表》相互补充，以避免落入那些地方“亮瞎眼”的经济数据之“坑”，如图 21–2 所示。

除了做好上述调研评估外，如果能够实地走访区块内已建园区及入园企业，听企业现身说法，那就更理想了。通过现场访谈，深入了解已建园区招商运营情况，入园企业的生产经营、享受扶植政策与综合服务的情况等，做到知己知彼，以利投拓决策。

图 21-2　产业地产商识别区域投资的陷阱

“拨开迷雾看真身，挑开杂草避陷阱。”面对以 GDP 为代表的城市经济数据怪象及纷繁芜杂的各类障眼法，产业地产区块投拓投资，如果不能慧眼识“坑”，那就“杯具”了。

第二十二章

Chapter 22

打遍天下的招商“组合拳”

招商是产业园区的第一要务，是决定园区生存与发展的生命线。招商顺利就是园区人之幸，招商不得力就是园区人之痛。是幸福还是痛苦，那就要看园区人的本领了。说到招商本领，自然归结到招商的招数、招法。招商招法好比打拳，拳法不通、功力不深，你的拼争结果可想而知。如果你能打出行云流水、出神入化的招商组合拳，那么你的招商将势如破竹，大风起兮云飞扬。

一、招商“拳法”有哪些

总结一下产业园区招商和产业地产营销中惯用的方法，笔者列出十种，称其为招商十大招法。这些招法包括了政策招商、龙头招商、圈层扩展、口碑扩散、活动招商、事件营销、网络传播、场景营销、品牌营销和基金招商，如图 22-1 所示。

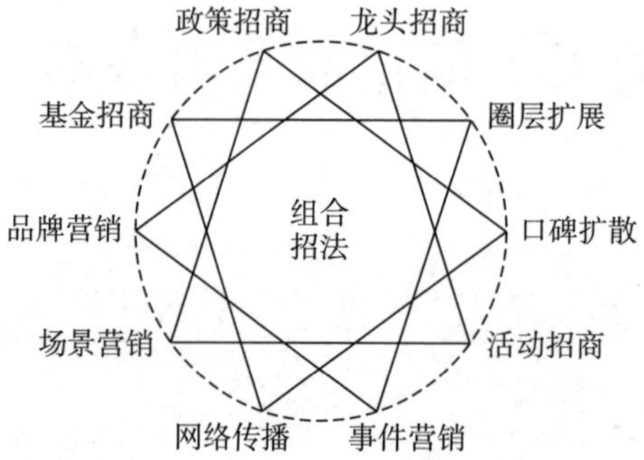

图 22-1　园区招商十大组合招法

1. 政策招商

多年来，优惠扶植政策一直是区域“招商引资、招才引智”及园区招商的法宝。新兴科技企业、文创企业，以及经营良好的制造企业（不涉及环保问题）在生产办公重新投拓时，都会把政策作为特别重要的参考因素。尽管靠政策拼市场的趋势正在逐渐改观，但包括“一事一议”在内的政策招商模式还会持续相当时间。

政府是政策的制定者与执行者，依靠政策招商，是园区、企业和政府三方博弈的过程，园区的角色是搭台者、牵线人，企业与政府才是直接的对话者和利益双方。对区域政策熟悉、营运能力强且与政府关系紧密的园区，有可能通过招商、尤其是招好商而获得政策红利，从政府处获得一定的招商奖励。

越优秀的企业越看重政策。一个不看重任何政策的企业进驻园区，不是不懂政策，就是投资买房的。

2. 龙头招商

基本等同于产业链招商，龙头招商更强化紧盯产业链龙头企业或行业领导品牌，多措并举将龙头企业引进园区并借此形成龙头带动的集群效应。围绕产业链招商通常包含“建链、补链、拓链、强链”的链式过程。

3. 圈层扩展

针对园区产业规划定位及产业延展范围所涉及的目标客群、潜在客群展开特定形式、特定内容和特定氛围的“三特”招商，也可以称为针对园区产业生态系而展开的泛生态招商。

4. 口碑扩散

当园区在政策、设施、服务和环境等方面具有良好口碑的情况下，自然会形成人传人、企带企、园帮园的招商扩展效应。

5. 活动招商

园区组织各类产业运营活动、人文关爱活动，带来人流、信息流、业务流和思想流，借机传播推广园区，与潜在客群形成交流互动，是获客和保持客户长期关系的一种常规手段，如图 22-2 所示。杭州各个开发区有句口头禅：年年有大会、季季有论坛、月月有路演、周周有沙龙、天天有咖啡。

园区举办活动的重要性业界皆知。我们也会看到各个园区的活动经常是接二连三地举办。但宣传效果、招商绩效不尽如人意，个中原因在于没有把握园区活动的关键绩效指标，即活动的产业关联性和社会影响力。诀窍没掌握，花钱不少、费力不少，收效却不大，正所谓事倍功半。

图 22–2　滨海广告园“纽约国际广告节最佳作品赏析暨展映”（海报）

6. 事件营销

园区通过策划、组织和利用具有新闻价值、社会影响以及名人效应的人物或事件，吸引目标客群、媒体、社会团体的高度关注与追踪，加速信息推广与园区招商。

7. 网络传播

借助互联网 + 移动互联网，采用 O2O 的线上线下形式，推送广告信息、加强人群沟通与交流互动。如今，新媒体营销与微信营销成了重要的招商手段，如图 22–3 所示。

8. 场景营销

在园区实地接待中，通过环境氛围的营造、考察路线的安排及园区示范项目或企业或标志人物的展现，形成良好招商效果。当下，VR、3D 等现代数字化技术产品甚至 AI 技术越来越广泛地应用在园区场景招商中，一些园区招商中心还配备了机器人参与接待和宣传介绍，如图 22–4 所示。

图 22-3　河北清科园借微信公众号推介企业与扩展招商并举

图 22-4　百度无人车行驶在碧桂园科技小镇

9. 品牌营销

在产业园区业界和目标客群中，通过复合方式，打造具有独特个性、占领客户心智的园区品牌形象，不断培植品牌资源，提高园区品牌的知名度与美誉度。品牌营销的关键是善于利用投资运营机构品牌、所属区域品牌、进驻企业品牌等（静态）关联品牌，以及园区运营推广活动等（动态）品牌资源，形成动静相宜的品牌培育过程。

笔者编写的《产业园区 / 产业地产规划、招商、运营实战》一书中的《园区活动推广与品牌打造》一文，大家可以参考阅读。

10. 基金招商

设立产业基金和创业投资基金等，通过国内外产业并购与孵化，把控产业与技术，并将研发生产实体落入关联园区。还可通过“资本 + 订单 + 通道”的模式，以融资租赁的方式形成订单和定向招商。

2017 年 11 月 18 日，小米第二总部和小米系企业金山、顺为武汉总部，正式入驻武汉光谷金融港，如图 22–5 所示。吸引小米和小米生态链企业来到武汉建立第二总部的一个重要原因就是政府提供产业引导基金的支持。

图 22–5　武汉光谷借助产业基金引入小米系企业金山、顺为

二、“拳法”怎样组合更有效

打出招商组合拳，才会将招商招法发挥充分，才可能获得出色的招商绩效。招商组合拳如何组合更见实效？通常我们要遵循“线上 + 线下 + 线性”“前戏 ~ 中戏 ~ 后戏”“理性 + 感性 + 调性”三个组合原则。

1. 线上 + 线下 + 线性

线上线下紧密结合推进经营管理，这并不是新鲜事物。步入网络新媒体时代，不管是互联网还是移动互联网，以网络为技术手段和宣传载体的新媒体从边缘逐渐成为主流，更衍生出纷繁多彩的自媒体。网络营销、新媒体推广冲击着传统营销模式，突发的新冠疫情更让园区线上招商火爆起来。

新冠疫情让以行商为主导的园区招商一时间变得难以施展，更别提会议招商、活动招商等聚集性招商形式。于是，大家普遍把注意力盯上了线上招商、网络宣传、微信推送、微博造势、抖音亮相……通过新媒体硬广与软文，甚至借助 VR、手机 App 等现代技术手段，推出线上看园区、线上洽谈……园区开发商/运营商力求通过便捷的互联网及移动互联网，让园区也火起来。但是不管园区信息推送和线上交流多么热闹，最终客户得到园区现场实实在在地考察交流，得真真切切地见面洽商沟通，乃至通过线下的各类活动真真切切地感知园区硬件设施与软性的运营服务。不管新冠疫情未来怎样，园区招商的“线上交互推广＋线下洽商打动”肯定会长期延续，而且会演绎得更加紧密、精妙。此外，利用大数据进行获客和精准招商，将被更广泛地应用推广和取得招商实效。

招商的线上与线下结合，是一种载体组合、媒介组合，这种组合必须注意让线上招商推广和线下招商推进保持合理的线性关系。网络具有虚拟特性，线上招商推广虽然可以创意加工，但是不可天马行空，它必须在线下有实物和实据，能够让客群在线上兴奋之余在线下感受实地，否则，就会像我们评价某人时说“这人太虚”一样，给园区打上“这园太虚”的不良烙印。

例如笔者曾看到某头部地产商建设的园区线上宣传公共服务平台如何完备，但笔者一行考察实勘，结果却相去甚远，进而对该地产商及其所建园区又增加了不信任感。反过来讲，线上招商推广一般在园区卖点提炼、创意加工上加点水分、点些色彩，在一个合理范围值是可以理解的，即在一个正常的线性关系内；如果水分过多、色彩过厚，让园区变得都不是自己了，线上与线下的关系已经难以用一般的线性来表达了，这样的线上线下组合就不足取了。

此外，线性关系强调线上推广、线上招商要与线下招商保持主题的一致性和连贯性，一个时期线上做什么、线下做什么要协同好，避免线上一个调儿而线下是另一个曲儿。

2. 前戏 ~ 中戏 ~ 后戏

电影戏剧讲究前戏铺垫、中戏高潮和后戏延续，这种前中后的组合侧重了戏份与时间的问题，是一种时序组合。其实，无论是园区招商推广还是园区招商洽谈，同样关涉“前戏 ~ 中戏 ~ 后戏”问题。招商洽谈从前期双方人员的生疏见面，到中期反复洽商沟通的渐渐熟络和围绕各自利益的不断“冲突”，以及到中后期的签约达成和跟进服务，是讲究节奏、讲究安排的，强调在不同时段用不同手法，并享有不同感受的，做到有预热、有高潮、有延展。而招商推广首先通过各种招数组合和广告手段，让目标客群及社会圈层对园区有所感知，再通过加大推广频次和推广力度，让目标客户对园区加深了解、增强信任，与园区形成更紧密的关系，直至签约进驻园区。

园区招商对于前戏的循序渐进、中戏的轰轰烈烈和后戏的余音绕梁，都要统筹兼顾、动中肯綮。

举个例子，国内某产业地产商力推自己的航空产业小镇，利用春晚节目以“高空跳伞组福字”向全球华人拜年祝福，来扩大业务影响、寻求广泛合作。此立意确有想法，且招商事件活动与航空产业存在关联，上春晚作为重头戏令广告效应明显，但是，由于未能很好地进行前戏铺垫、预热和后戏延续加温，加之当下春晚影响力已不如从前，让一次大制作的园区招商推广活动收效有限，营销投入与回报效果不成正比。

3. 理性 + 感性 + 调性

无论多少种招商招数和营销举措，园区的产业招商与楼宇营销最终无非就是两张牌：理性营销与感性营销，亦即招商的终极打法。

理性营销的实质是向目标受众提供利益诉求，这种利益诉求体现在园区招商上就是让客户能够获得入园的现实利益及入园的经营预期（未来利益）。这种理性营销的现实利益获取涉及诸多理性因素，比如现实利益方面的园区房产/物业的价格、区位、交通、建筑结构与配套标准、商务与商业配套、园区优惠政策、园区综合服务等，而未来利益涉及产业集群/产业集中度、潜在成长机会、园区发展前景、园区品牌与商业信誉对企业的支撑度等。

感性营销的实质是向目标受众提供情境诉求，就是通过各种招商招数/营销手段的组合，让目标客群、让企业经营者获得特定的工作（生活）场景氛围体验及人际情感交流。这种感性营销应用在园区招商，通常体现在拉近人际关系、加强心灵沟通感应和彼此信任感，这些都是感性因素。我们经常说的“共情营销”与此基本一致。

一位从事音乐软件研发应用的硅谷海归，在他参与了国内一家文化园的文化活动后，感慨万千地对园区负责人说道：“我马上回国创业，正在选园区，参加了你们的活动后，了解到很多文化公司在你们园区享受到了非常给力的政策，而且发展得很好。我刚才参观了你们园区，作为新建建筑，不仅具备了新建筑的现代与大气，建筑装饰与环境设计还体现了中西合璧的特色，让我既感受到了中国文化和家乡氛围，又不失国外的现代简约风格。我打算把创业公司放在你们园区了……”

理性营销与感性营销相辅相成、共同作用，是一种方式组合。通常而言，理性营销占据了更为主要的位置和大半比重。尽管存在着借感性营销成功的案例，但头脑冲动式购买行为毕竟是少数事件。因此，产业园区招商必须充分组合利用理性营销手段和感性营销措施，将二者的营销作用发挥到最大。

最后，还要强调的是理性营销和感性营销都必须追求和保持调性，这个调性是品牌属性、是产品格调。而对于园区领域来说，调性就是园区品牌定位、园区场所精神、园区宣传风格。实际在园区招商和房产租售过程中，调性越足，业务越易开展；调性不足，业务推进往往黯然无光。

产业园招商全过程好比打拳竞拼，想要取胜，你的基本功如何？掌握了什么拳法？有一招鲜的独门功夫吗？又能否将各种拳法灵活运用、精进组合？功夫不负有心人，园区招商就看你的了。

第二十三章

Chapter 23

向招商局长学什么

产业园区招商实质包括两大工作，一个是产业招商，一个是楼宇租售（二级开发）。如果涉及一级土地开发，还会有土地转让工作。很多时候，产业招商与楼宇租售合二为一，既要把产业单位招进来，又要把房屋租售给这些单位。毋庸置疑，卖房子、租房子是地产商、产业地产商擅长的事；而引进产业企业、产业机构的产业招商，尤其是引进优质产业资源，不得不说还是政府部门，特别是招商局更擅长的事情。

一、从昆山招商说起

政府招商能力强可以造就一个地区的传奇，就像如今中国百强县（县级市）金榜第一位的江苏昆山。在上世纪 90 年代至本世纪初凭借着超强招商，从苏州的小六子县一跃成为全国县市之首。昆山还是中国改革十大创新城市、中国最佳魅力城市，拥有中国第一个封关运作的出口加工区、中国第一个县级市国家级经济技术开发区、中国大陆第一家台资银行——彰化银行、中国第一个人均国内生产总值突破 10000 美元的县级市。

昆山上下对招商有着深刻理解和真切感悟，并总结出“十个一”招商经验。

- 组建一支专业招商队伍，公开招录与选调。具有“3+1”的本领，即招商知识、专业知识、语言知识，吃苦奉献精神。
- 明确一个思路。突出产业链招商，推动产业集群化发展。
- 突出一个重点。坚持“抓大不放小”，从服务“麻雀”开始做起，先小后大，先低后高。
- 开发一批专业招商载体。昆山市的招商载体主要是开发区。
- 打响一个文化品牌。文化招商是昆山的宝贵经验，昆山“厚着脸皮”使劲地挖出了三个文化品牌。
- 抓住一个招商主体。招商初期抓住浙江老板这一招商主体，给他们土地，给他们优惠，让他们回到家乡招商。

• 交上一批朋友。招商一定要走出去，编织八卦网、关系网、信息网。

• 完善一个服务手段。为已投资的老板搞好服务，通过他们的口碑宣传再招商。

• 沟通一个部门。千方百计地打进当地工商联、私企协会、台商协会和专业招商部门。

• 培养一种招商环境氛围。“人人都是投资环境、招商引资人人有责”。

细细品来，昆山这“十个一”虽称不上字字珠玑、点点琅玕，但也饱含了区域招商的老到经验和纯熟心得。如果各地政府及产业聚集区能够按照这“十个一”真抓实干、内延外扩，招商绩效肯定差不了。就算进入了新经济时代、新媒体时代，我们的招商有了更加丰富的线上线下组合手段，可以凭借互联网、大数据拓展招商，但昆山“十个一”招商经验是最基础、最本原的招商原则和方法，招商模式和技术手段再花样翻新，连这“十个一”都做不到，其他也是没用的。

招商引资、招才引智的本质是筑巢引凤，是放水养鱼，如图 23–1 所示。有学者评价昆山招商案例为其代表着一个时代，是依靠外来经济带动区域发展的模式写照。笔者认为，这种以招商成就区域发展的传奇故事在现今形势下，难以再简单复制。当下更是区域内生发展与招商外来盘活的有机互动。可不管怎样，这种招商的基本思路、方法和技巧仍然屡试屡爽、行之有效。

二、招商局长们的招商启示录

笔者有幸通过多个渠道和会议场合听到多位资深政府招商局长畅谈招商心得体会，颇为感慨，收录分享给大家，以供借鉴。

山东某高新区招商局长感言：做招商就是四个“千万”，走遍千山万水、说尽千言万语、历经千难万险、付出千辛万苦。在招商中面对企业、面对商家需要做到四商——“重商”“亲商”“安商”“富商”。

招商工作所有的一切必须具备一个前提，就是你必须树立决心与坚定信念。如图 23-1 所示。

图 23-1　招商引资放水养鱼图

笔者感慨这位来自山东的招商局长的四个“千万”道出了我们招商人的艰辛与心路历程，也说明行商及话术对于招商工作的重要性。招商是一个长期的工作，具有持续性和滞后效应，没有韧劲和耐性，很难从事和做好招商工作，而且过程中如果你不真心待商、不用心待商，那么你就不会“得商”（获得商家），正所谓一分耕耘一分收获。

河北省某新区招商局长说道：政府里最能吹牛的局长是招商局长，最能说清也必须说清地区卖点的局长也是招商局长。招商当中要树立好风气，政府协同作战的风气，绝不要官气，因为招商是个系统工程，需要区域各部门密切协同，共同服务于企业。招商部门与企业要做哥们，要多替哥儿们着想，真正帮助企业解决问题。

“最能吹牛的”“不要官气”“做企业的哥儿们”，这些话听着有些糙，却是十足的话糙理不糙，且弥足珍贵。产业园区招商如果连自己园区的卖点都说不清就别玩了，不但要说清楚还要说精彩，说精彩也就要会包装、能讲故事，俗话说吹牛吹到点上。招商工作绝不单是招商部门（或者产业地产营销部门）的事情，它是一个链条，围着目标客群一起转动，工商注册、税务办理、发改立项、人事引进、工信生产、工程建设等，都一起高效率地统一运转。政府招商人员与企业站到一队，替企业说话、为企业办事，这不是“变节”，这是做“哥儿们”，哥儿们是什么？急你所急、想你所想，唯此，没有招不来的商，没有留不住的商！这才是风气、才是园区良好的营商环境。

江苏某市招商局长坦言：自己一辈子干定招商了，喜欢这份工作，也取得了一定招商业绩，例如把娃哈哈、汇源等一众食品大牌招入本地区，打造了国家级的食品产业基地。招商工作前期的信息搜集工作非常重要，通过参加北京的中国企业家年会，结识了很多知名企业家，为招商打下了基础。在招商引进娃哈哈的过程中，曾经在大年三十晚为加班的宗庆后送上祝福鲜花，为宗总父母送上土特食品，真心诚意去打动宗庆后。功夫不负有心人，娃哈哈打破500公里内不重复设厂的惯例，投资该市并多次增资设立新生产线。

干招商，你就得爱招商，干一行、爱一行，你才会用心到极致，你才会遇到困难从容应对、坚韧不拔。产业招商针对产业龙头着手，一个龙头大牌可以吸引其他龙头大牌跟进，也就可以成就产业集群的示范型园区。招商信息搜集工作是招商的伊始，信息情报工作到位，为后续招商开启了绿灯模式。引进龙头企业的人际公关就是做人做事的细节，撩动、触动、感动，一切能够打动对方的方法尽可努力去做。当然，需要注意分寸、保持尊严。人是感情动物，再大的老板也会重情重义，招商人精诚所至，金石终为开。

武汉某区的招商局长总结了自己的招商经验并透露了一些细节：我每接受一个招商项目之前都会认真分析，比如公司的结构和产品，供应商和销售商的情况，销往哪里，一年产出、税收规模等。我们引进浙江一个知名企业，从洽谈到确定入驻仅用了一周，但我前期摸清底细却用了一个多月。我们获悉格力准备投 30 亿元在武汉开发区周边建格力电器产业园，生产空调外壳、铜管、五金等配套项目。为了抓住为格力配套的商机，我们专程拜会格力武汉公司老总和分管供应的副总，拿到格力全部供应商名单，一个个摸清底细，然后由区长带队赴格力珠海总部举办格力配套产业园招商推介会。一般一个区到外地招商都会将地点定在酒店，我们则“借力打力”，就在格力总部大楼内举行招商会，这样一来，哪个供应商敢不去？最后，全体 40 多家供应商悉数到齐。在我们的前期轮番“攻关”后，格力武汉老总在会上发话，要求所有供应商必须在限定期限内到我们区报名，否则淘汰出局。这句话的威力太强了，一下就有上十家登记入驻，另外在谈 7 家，还有部分在排队。

招商是智商与情商共融的工作，前期理性的调查分析必不可少，如前面招商局长所述，大量的事先摸底调研让后面的招商顺藤摸瓜、一举搞定。招商离不开招商招数，有的地区政府甚至总结了号称十八般武艺的十八种招商方法。而现实中，招商虽然因循招数来拓展推进，但更讲求随机应变、灵活运用，一切以达成招商目标为宗旨，变有形为无形，变有招为无招，绝不能墨守成规，这才是更高明的招商。

情报觅人、同心聚人、诚意感人、招数抢人……成就区域招商大业的招商局长们好似武功盖世的大侠，上演着一个个精彩绝伦却又险象环生的招商大戏。作为产业地产 / 产业园区的招商人，我们应该学习政府招商好榜样，向招商局长们学习招商之道；也不要忘记除了学习借鉴，还要与政府招商局长们联手行动，共同开展园区项目招商，这会让园区更现希望。

第二十四章

Chapter 24

园区运营“三业并举”和“三重境界”

园区运营是产业地产业界痛并快乐着的一件事，有的开发商赶大潮似的踏入产业地产圈，方向打法还辨不清，何谈园区运营；而有的已经高调宣布实施轻资产运营战略，产业经营与地产开发两条线并行。各有各世界，你我各向走。有关产业园区、产业地产的运营，笔者曾在《产业园区 / 产业地产规划、招商、运营实战》一书中进行过阐述，此处再次重点提及并就园区运营中的“三业并举”模式作简单描述。

一、园区物业、商业、产业，“三业并举”

产业园区运营内容主要包含了物业经营、商业经营和产业运营三块内容，是个业态多元、跨界经营的复合模式。

物业经营管理是产业园区最基础性的运营，它好比人们工资中的“底薪”，为进驻企业提供基本的日常保障。倘若一个园区连物业经营管理都做不好，何谈更深层次、更高附加值的园区产业运营服务呢？

提供商业配套设施和商务服务，是产业园在最基础的物业经营管理之上提供的又一项综合性运营服务工作。商业配套关系到产业园的营商环境和产业环境，也关系到园区的经营模式和品牌形象。商业配套是产业园产城融合、高效运营的有力保障，保证入园企业获得对应性、便利性的商业商务服务，让企业在一个相对完善的商务环境和文化氛围中经营发展。商业经营堪称产业园供给园区企业的“福利”，让入园企业不仅享有“基本工资”式的物业管理，还享有“社会福利”式的商务配套。

园区产业运营是园区运营管理中最核心、最高层级的工作，主要围绕园区的产业来搭建公共服务平台（具体的平台服务内容已在《产业园区 / 产业地产规划、招商、运营实战》一书中归纳），它能够引导和驱动入园企业发展壮大，让企业获得极大的外力，借力提升、借势成长。这就好比为入园企业发放了诱人的“奖金”，让企业享有额外鼓励，制造激励效应。园区产业运营内外兼顾，同时，促进园区运营商探行摸索自身长期发展的内生经营模式，实现产业园区的可持续经营。通过产业运营，园区与企业协同发展，并最终形成产业集群效应，显著提升区域的社会经济效益，如图 24-1 所示。

图 24-1　园区运营的构成与关系

物业经营管理、商业经营管理和产业运营管理是园区运营管理的“三驾马车”，三项工作缺一不可、环环相扣、紧密关联，最终都是通过资源、资产和资本的整合经营为园区客群提供系统性的服务，最大限度地为客群创造价值，实现园区、企业和社会的共赢发展。

二、园区运营的“三重境界”

对全国产业园区的运营状况进行一番全扫描，整体状况良莠不齐，园区物业经营不够扎实、商业经营配比不调、产业运营水准偏低的现象依然存在。很多园区对园区运营的认识还停留在“物业管理 + 企业注册服务 + 园区活动”的层面。当然，也有一些园区谙熟运营之道，已开始全方位尝试探索园区的复合经营，且初见成效。纵观全行业的运营，呈现出“作秀、做事、做模式”三个层级，或称“三重境界”，位于象牙塔顶端的当然是“做模式”，如图 24-2 所示。

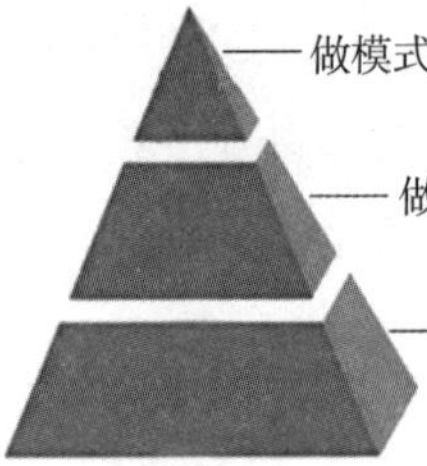

图 24-2 园区运营的“三重境界”

1. 作秀

每一家园区的整体定位、建设规模、运营阶段、区域环境都存在着差异性，园区运营不可能面面俱到、样样精通，把自己园区最具优势、最具特色的经营之处呈现给业界，秀秀颜值、秀秀肌肉，让园区秀起来，让园区火起来，提升园区知名度，强化品牌效应，最大限度地促进园区招商和综合业务扩展。当然，追求外秀，就容易忽略内秀，很多园区的运营服务品质确实有待加强和夯实。笔者归纳出园区运营“12 秀”，其中也涵盖了产业园区运营的主要框架和重要环节内容。

（1）秀运营战略：公开宣传园区的运营战略，彰显自己站在行业的高峰。战略毕竟是战略，还称不上是成熟的商业模式，高调一些、虚化一些未尝不可，结果如何是未来的事，先秀好当下再说。亿达中国前几年就已官宣实施轻资产经营战略，现实中是轻重并举。笔者与亿达中国有过合作交流，也期待其轻重资产结合模式能够攻坚克难、渐入佳境，为业界带来借鉴示范。张江高科也是高调宣称已经逐步改变了之前以工业地产开发运营为主导的“高投资、重资产、慢周转”模式，正在向“股权化、证券化、品牌化”转型，目前的战略是打造“科技投行”。

（2）秀公共平台：园区公共服务平台涉及硬件设施的配备和软性服务的提供，服务内容既宽泛又深入。产业园区发展到今天，如果哪家园区不说自己建有公共服务平台，那么圈里圈外都没法混了。

（3）秀合作伙伴：从产业资源到投资基金再到社会中介服务机构，一个园区没有几个实力强的合作伙伴肯定是说不过去的。

（4）秀团队精英：产业地产业内，真正具有超强运营实力的团队需要打着灯笼去找，越是这样，越显出好运营团队的弥足珍贵。园区运营团队中如果有行业资深精英，哪怕是有些许值得称道的专业人士，也值得秀一秀。

（5）秀产业投资：早前孵化器入门条件要求必须有一定额度的孵化事业金，眼下不用强行要求。很多园区运营商都意识到投资基金的重要作用与光环效应，更不用说现在开始推崇成立产业基金直接用来招商买企业了。同仁中有人说，先喊出一个产业基金，资金真的有没有、投不投再说。

（6）秀创业孵化：“双创”曾热火朝天，众创空间如雨后春笋，热度之后人们说众创空间比创业者都多。其实，众创空间或孵化器的作用还是不可小觑的，毕竟当中诞生了诸多好项目、好公司。当下，一家科技园或文创园如果不配置众创空间 / 孵化器，还真有些落伍。项目路演、大咖谈创业也是可以秀的。顺便问一下，众创空间 / 孵化器入选国家级或省级名单了吗？如果没入选，代表你们的运营水平太低，那还是秀秀其他方面吧。

（7）秀物业管理：物业经营管理本不是问题，但有些园区的物管水平跟他们企业的管理水平一样，都上不了台面，在北方尤其明显。看看人家那些园区的物业管理都秀起智能化、人性化了，且物业延展服务也开始赢利了。

（8）秀商业配套：因循产城融合建设趋势，产商一体的产业社区中商业与商务配套是重要保障。园区在商业配套建设方面大可一秀，秀商业配套的完善、秀商业设施的先进、秀商家店面的品牌、秀商业管理的精细、秀商务服务的便捷。

（9）秀社区配套：与大的住宅社区一样，有些规模化的园区也都引进、配建学校、幼儿园、医院（医务室）等社会服务机构，描摹产城社区的思路来建设运营，我们时常还会看到一些园区秀他们建设的党支部、团支部。

（10）秀智慧园区：智慧园区是趋势、是未来。当下，已有一些园区建成运营或正在建设智慧园区系统，这些园区堪称业界的弄潮一族，走在了时代的前沿。借此秀秀自己的领先思维与做法，吸引众多“眼球”，再去推广自己的业务。深圳天安云谷不仅将自己园区努力建成智慧园区，还发现了该领域的巨大市场，组建专业化的智慧园区建设公司，在全国承揽智慧园区业务。

（11）秀园区企业：园区进驻了产业龙头、行业独角兽，或者园区孵育了有影响力的潜力型企业，都可以使劲秀上一番，这对后续招商运营就是榜样的作用。天安数码城曾打出“上市公司的摇篮”的宣传语，宣称园区以往培养出 30 多家上市公司，不管这当中有多少公司是自己亲手培育的，园区有如此多的“大牛”企业足以令人艳羡。

（12）秀运营绩效：园区除了秀入园企业，还可以秀很多运营绩效，比如高科技成果与知识产权情况、产业链集结与区域带动效应、园区投资密度与产出强度、园区就业人数与人均产值，等等。

2. 做实

园区运营做虚了是花拳绣腿，做实了就是完美秀，“作秀”只是起步，“做实”才是根本。上述“12 秀”说是秀，其实涵盖了园区运营服务的主要框架内容，比如运营战略、合作模式、团队组织、公共平台搭建、创业孵化服务、产城社区服务、智慧园区建设，等等。“作秀”让园区光鲜照人，提升了园区的品牌形象，促进了招商营销（当然，也促进了产业地产商的拿地拓展和获取政府的综合性政策支持）。“做实”让园区不仅光彩熠熠，还丰实了园区内蕴，让园区达成了内在美与外在美的和谐统一。“做实”让园区运营服务（尤其是产业运营服务）更加掷地有声，应企业之所需，解企业之所急，帮助入园企业成长壮大，在为企业创造价值的同时，也提升了园区自身价值。站在更宏观的角度，“做实”就是在营造良好的产业生态环境，加速区域产业集群发展。

园区运营“做实”的策略，并不一定是一股脑地做实所有业务或多项业务，针对园区企业迫切需要的服务内容，祭出自己最擅长的运营项目，这是最现实之举。

中国园区的发源地历来不缺园区示范案例，近两年，星河WORLD几乎成了业界人士到深圳考察必看的园区之一。深圳星河WORLD由深圳星河控股集团斥资150亿元开发建设，项目占地面积约62.29万平方米，总建筑面积约160万平方米，以战略新兴、人工智能、文化创意三大核心产业为引领，运用产融联盟理念，打造“园区＋金融”双闭环总部基地，共创“引人才、聚产业、共发展”的产城社区。项目全部建成后，预计将集聚1000家企业，提供7.5万个就业机会，创造年产值逾1000亿元，新增税收100亿元。

2014年，星河联合国内创投行业领军企业——深圳创新投，以星河WORLD为试点，在全国首创性推出“产权换股权”创新运营模式，在扶持具有发展潜力的企业实现更好更快成长的同时，分享企业成长红利，这一创新举措在行业内引起了巨大的反响。

星河控股旗下星河产业集团整合红土星河创业投资基金、星河·领创天下私募基金、张江星河基金等六大自有投资平台和深圳市创新投资集团、前海母基金等六大外部投资对接平台，全面发力“房东＋股东”产融联动模式，助推企业全生命周期成长。截至2016年12月底，星河产业集团与34家初创团队达成股权合作，股权估值达2800万元。同时，积极整合入驻企业、战略伙伴、金融公司、创投机构等多方资源，探索实现复制输出。截至2019年初，星河综合利用产权/租金/服务换股权、基金投资、项目跟投等多元产业投资方式，已投资金规模达3亿元，股权投资企业近40家，其中15家平均估值已过亿元，如图24-3所示。

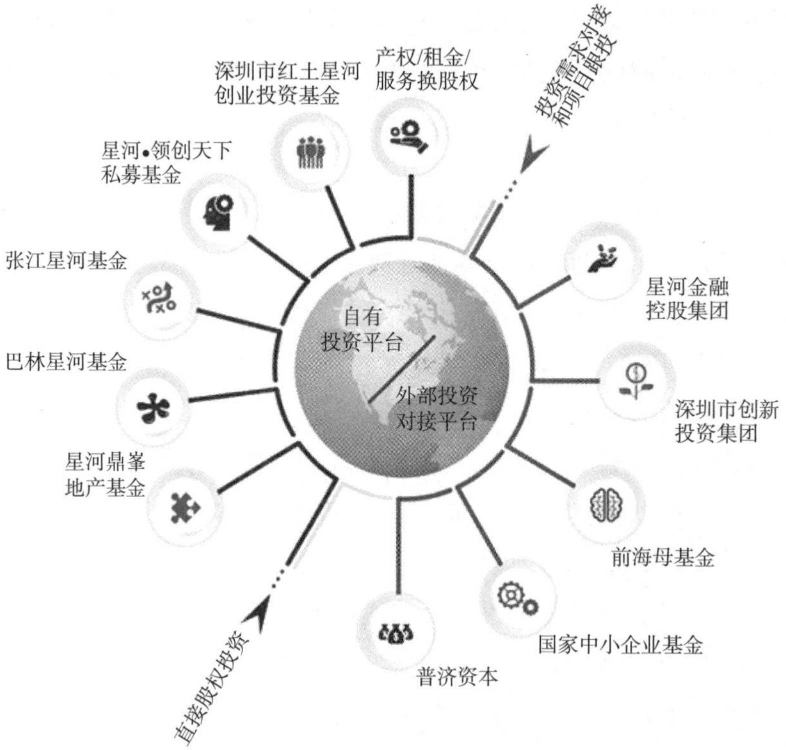

图 24–3　星河 WORLD 打造产业投资平台

星河 WORLD 遵循“房东 + 股东”的经营策略，做实企业孵化与产业投资业务并初见成效，达成了从秀于外到美在心、强在身的进阶，成为业界学习效仿的标杆对象。那么，“作秀”与“做实”的区别界限是什么？在此，我们谈一谈二者的基本评判标准，主要从四个方面因素来考量。

一是看园区运营目的。运营是作为招商的辅助手段，还是切实想满足客户的客观需求和实现园区整体提升；

二是看运营团队配备。是随便找两三个人放在招商部门或物业管理部门，还是真正组建一个运营团队正规化地推进工作（哪怕先期运营人员较少）；

三是看运营服务实施。是简单应付地开展一下服务活动还是针对企业需求，制定园区运营战略，以匠心和创心去策划、开展各类运营服务工作；

四是看运营服务绩效。产业投资了几个项目？服务平台做了哪些具体服务且有什么成功示范案例？园区内公司上市了，之前园区做了哪些具体辅导和帮助……实打实的工作和业绩不是吹出来的！如果把运营服务绩效列入园区营建的考核指标，那就更实了。

3. 做模式

如果说“做实”充实了内蕴，那么“做模式”就是练就强大的内力、内功，达到更高境界。园区“做模式”可非一日之功，它要按照物业、商业和产业“三业并举”的经营思路，在“做实”的基础上，进一步夯实园区运营服务，提升服务层级，围绕“资源、资金、资产、资本”进行全线整合推进。“做模式”的终极目标与核心工作是探索园区内生经营发展模式，在产业与地产的不断融合中，逐步摆脱靠地产营生的处境，增加非地产性营收，实现多元跨界经营，让园区运营更上一层楼，真正实现产业地产商和园区运营商的长期可持续经营发展。

上面举出的星河 WORLD 案例，其孵化创投、产业投资等产业运营业务初战告捷，这是长征第一步，如果能够长此以往，打造出一套成熟、系统、高效的运营模式和管理机制，达成良好的社会经济效益，并施行 PDCA 循环持续演进，那么星河产城商业模式将是园区璀璨星河中那颗耀眼之星。

园区运营是物业、商业、产业“三业并举”，园区运营有着“三重境界”。当下，多数园区位于“作秀”层级，少数正在践行“做实”运营，而能够达到“做模式”的园区凤毛麟角。前路漫漫，撸起袖子加油干！

第二十五章

Chapter 25

园区产业运营服务，岂能“驴唇对马嘴”

进入 2020 这个双 20 年代，各行各业都更加注重运营以及运营得品质。产业地产与产业园区寻求突破季，同样把眼球聚焦在园区运营服务上，希冀通过复合的运营服务，弥补相对单一的地产经营，形成良好的“长线对接短线、慢钱补贴快钱”的互补叠加效应。笔者与诸多尝试过园区运营服务的同行们交流多多，也一致共识：园区通过开展一定的运营服务，收获颇丰，不仅探行了园区营建模式和内生经营，还获得了园区品牌效应和招商绩效。因此，笔者多年来一直倡导“园区招商运营一体化”，强调园区运营服务的重要性，鼓励园区操盘者们积极推进园区复合运营。

一、园区产业运营服务渐成主旋律

时下，业界专家为运营鼓与呼，园区老总为运营急而想，一时间运营服务如彩云般缭绕于各个园区之上，“祥云围绛阙，瑞气绕琼楼”。开明的产业地产开发商、运营商都围绕园区运营做文章，祭出了或实或虚、亦重亦轻的自家招法。这样一来，似乎有点名声的园区如果不做点高大上的运营，根本就不入流。一些为数不多却具有示范效应的园区智慧管理、产业投资、产业链搭接服务等园区运营案例在业内广泛传播，到访项目考察交流者、学习者络绎不绝。而就行业整体而言，产业地产运营服务的现实情况如何？是笃定未来后的一路高歌，还是无限风光后的一地鸡毛？其实，我们都有感知，目前的园区运营既非那么出神入化，也非那么黯然神伤，园区运营尚在奔跑的路上。

“物业、商业和产业一个都不能少”（参见《产业园区 / 产业地产的规划、招商、运营实战》一书中的《物业、商业、产业，一个不能少——园区运营三业并举》），园区运营涉及物业经营管理、商业配套经营和产业运营服务三大运营内容，三项运营服务相辅相成、缺一不可，其中物业经营管理是基础性的运营服务，让企业有个“安稳之家”；商业配套经营是保障性的运营服务，让企业有个“舒适之家”；产业运营服务是驱动性的运营服务，为企业赋能，让企业有个“发展之家”，说得更宏观一些，产业运营是区域产业集群、产业升级发展的核心动能所在，如图 25–1 所示。

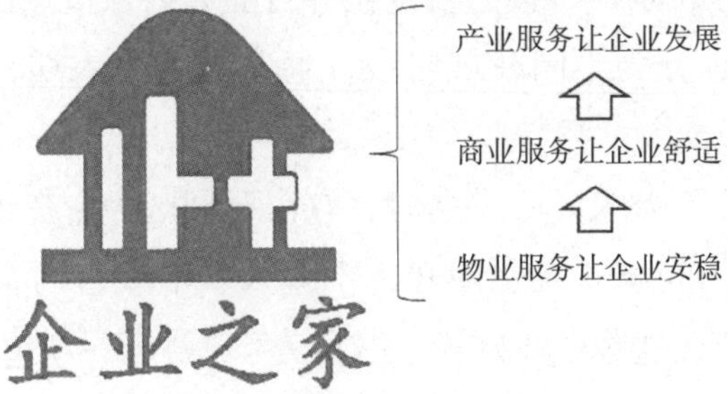

图 25–1　园区作为企业之家的运营服务层级

园区企业无论规模大小、无论行业归属、无论知名度高低，它们在物业经营管理上的需求都具有一致性；园区企业在商业配套经营上的需求也体现出一致性的特点，比如对餐饮的需求、交通出行的需求、便利购买的需求、会议设施的需求等。因此，园区在物业和商业两大内容的经营上，基于需求的一致性，运营服务也具有较强的一致性，也就能够实施规模性经营。但园区产业运营服务另当别论，因为企业的行业属性不一致、企业成长阶段不一致、企业的经营水准不一致，一系列的不一致性，决定了产业运营不可能像物业和商业那般提供一致性的运营服务内容。譬如说，大企业和小企业的经营管理战略不一样，生产型企业和办公型企业的作业方式和融资方式不一样，科技企业和文创企业的商业模式不一样，园区在提供产业运营服务时，若想达成切实效果，就要针对目标客群展开个性化、专属性的运营服务。

如果我们不想囫囵吞枣地做表面文章，那么必须论证清晰三个关键问题：园区产业运营服务“为谁服务”“提供什么服务”“怎样开展服务”。只有搞清楚这三个问题，我们才可能做好园区运营服务，真正做到园区各方共赢共进。

二、为谁服务

园区定位存在差别，我们暂且抛开行业属性，重点探讨企业的成长属性。企业成长分为不同发展阶段，通常分为投入期、成长期、成熟期及衰退期。

当一家企业不差人、不差名时，它需要园区为它提供服务吗？这是一个非常现实的问题。众所周知，不差人、不差名的企业通常是规模企业、品牌企业，这些企业好比“白富美”，身旁一众追随者，被鲜花、赞美、宠爱所包围。白富美式的企业，小日子一般过得不错，企业从内部管理调度到外部资源整合都没有问题。园区管理者想为这样的企业提供运营服务，除了基本的物业管理和商业配套服务外，在产业运营服务层面，还真可能插不上手脚。可以说，规模企业、品牌企业依靠自身能力足以获得各类经营服务信息与资源，享有超多服务机会，往往对中间商居间帮忙的需求度比较低。

按照上述分析，规模企业、品牌企业或者说大企业不是园区运营服务的重点对象，那么，园区运营服务的对象应该定位在中小企业。道理也简单，中小企业的人财物、信息等综合资源有限，企业的社会影响力低，想发展就要获得更多的商业信息、低成本乃至免费的中间服务。园区站在政府、中介机构与中小企业之间居间协调组织，中小企业由此获得了在园区外很难获得的复合运营服务，自然其乐融融，这对各方都是利好。

相对于北方而言，长三角区域中小企业多、民营企业发展态势好，区域的服务意识强烈，营商服务氛围浓厚，很多园区都力推产业运营服务，以服务促招商，以服务带经营。但园区产业运营服务同样遇到了问题，开展得并非顺风顺水。梁先生三十七八岁的年龄，是江浙一带一家知名科技园区的运营负责人，从园区招商转为园区运营，虽称不上行业老手，但也足够资深，他坦言：“我们自打建园区，就很看重园区综合运营服务，招商和运营两条线并进，帮助中小企业创业成长是我们的工作重点。努力服务这么多年来，为进驻企业和政府做了不少工作，可效果一般。在运营服务中确实感受到大企业用不着你服务，不愿跟你玩；而小企业的确需要服务，我们帮来帮去，热闹又辛苦，可这些小企业扶不起的阿斗太多，到头来它们也没活成啥样。我们除了从政府那里获得一些运营补贴外，很多时候也是白忙活。”

“大企业攀不上，小企业促不成”，这或许是园区产业运营服务的无奈之处。平静一下心绪，审视园区产业运营服务，我们在厘清园区运营服务的主要对象之前，必须清晰园区产业运营服务的目的与作用，目的与作用明确了，园区服务的客群也就搞定了。笔者在《产业园区/产业地产的规划、招商、运营实战》一书的《园区公共服务，忽悠没出路》一文中曾经阐述了园区运营服务的主要作用，包括：改善园区创业环境、助推入园企业发展，树立园区品牌形象、利于园区招商集群，创建园区运营模式、培养园区运营人才。简明归纳，园区产业运营服务既要帮促入园企业发展，也要推进园区自身经营。那么，园区确定的重点服务客群就应该满足“外促企业，内促自身”的目标，基于这一目标考虑，园区的重点服务企业应该具备以下五个条件。

1. 有较大成长潜力的企业

通过与企业老板及核心管理层的接触，以及对其产品与服务、技术、商业模式、经营能力的全面了解，判断企业的成长性高低。把人力、精力、财力投入到成长性高的企业，企业成长壮大了，对园区、对社会都是共赢的好事情。

2. 有强烈合作意愿的企业

企业认同园区的经营理念与运营模式，对园区搭建的公共服务平台颇为感兴趣，乐于参加园区运营服务活动，这就是理念相同、惺惺相惜，双方存在着良好的合作前景。没有这般合作意愿与认知基础的企业，不是园区运营服务的重点。

3. 有宣传造势机会的企业

园区通过搭建公共服务平台，推进产业运营服务，同时获取品牌效应和招商绩效。如果某些入园企业有良好的新闻传播效应，我们在提供运营服务的同时，策划、制造新闻由头和招商、营销卖点，有利推动园区的产业招商和房产去化。这是在商言商，毋庸置疑。

4. 有产业链带动性的企业

产业龙头固然好，但龙头企业必定是少数，且未必积极参与园区运营服务。只要企业在产业链群中具有一定的带动性，就是园区运营服务的重点目标企业，因为这样的企业一旦享受了园区的服务并达成了良好口碑，就会带来传播效应和招商运营的连锁效应。

5. 有投资入股可能的企业

如果企业成长性好，且有可能引入园区运营商成为其股东以共同推进事业，这样的商业机会不容错过。创业投资与产业投资是园区产业运营的重大方向和长远模式，有投资入股可能的园区企业是园区运营服务的重点目标企业。

具备以上五个条件的园区企业是产业运营服务工作的重点对象，这当中企业可能是多个条件兼备，也可能是只具备其中单一条件。当然，条件兼备者更是重中之重的服务目标。

三、提供什么服务

园区公共服务平台六大类十八项服务是笔者在前部书中总结的产业运营服务的具体服务项目，这是六七年前总结的内容，虽然社会经济及产业园区领域发展迅猛，园区运营服务内容不断延展和丰富，但这些基本内容依然不变。前书中将这些服务内容按照基础型服务、引导型服务和发展型服务予以划分，这是基于园区运营服务的层级与难度来划分的。如果站在客户需求的角度，秉持为目标客群提供适宜服务的思路，我们大体可以将园区产业运营服务归结为“趋于广泛参与型的运营服务”和“趋于深度合作型的运营服务”，其实，这也是基于园区企业同园区保持互动关系的深度（运营服务业务合作的营利性）来考量的，如图 25-2 所示。

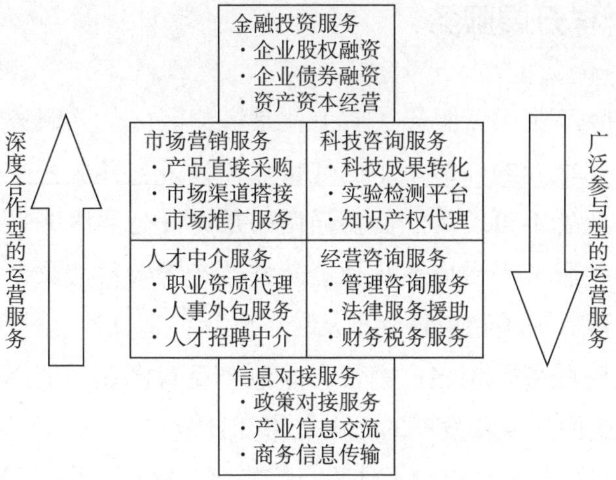

图 25-2　园区产业运营服务类型图

1. 广泛参与型的运营服务

该类型服务是园区提供偏于普通版 / 普及性的产业运营服务内容，这类运营服务并不完全针对哪类企业，园区企业皆可参与享有，运营服务的目的在于给予企业一定的服务感受体验，但这类运营服务的深度与效果并不完全能够保障。通俗地说，广泛参与型运营服务好比让大家都有一辆代步的汽车开，但对车的品质、驾乘感受及档次形象，不要有过多的奢求。

2. 深度合作型的运营服务

该类服务是园区提供偏于高级版 / 针对性的产业运营服务内容，并不适合园区所有企业，而是针对园区的重点客户（符合前节中五个条件）开展的个性化服务，追求运营服务的深度与实际效果，并希冀通过服务，在满足客户、加速客户发展的同时，园区达成长远经营上的投入产出回报。

对于如上运营服务，园区单靠自身势单力薄，必须整合社会资源、借助中介服务机构共同拓展，这就归到怎样开展产业运营服务的问题，让我们接下来继续分析探讨。

四、怎样开展服务

推进园区产业运营服务实质上就是搭建园区公共服务平台及开展服务项目，在笔者的前部书中已经重点探讨了公共服务平台的搭建思路与方法，此处不再赘言。需要强调的是建设公共服务平台的效益问题，因为公共服务平台应该是社会效益与经济效益兼顾，园区公共平台的产业运营服务项目应该逐渐从公益性走向适度经营性和合理赢利。而且产业运营服务是构建、完善产业地产经营模式的核心内容，是产业地产商实施内生经营发展的必由之路。

园区公共服务平台建设无外乎自行搭台、联合搭台和借人之台三种方式。

1. 自行搭台——自主推进运营服务须注重回报

园区自行搭建公共服务平台并开展运营服务，是以自我组建专业运营服务团队为主导，这对团队人员的专业素养要求很高，而且这个平台、这个团队通常是开展某一项或个别项目的运营服务，不可能涉猎所有，现实中也不存在那么全面的通才和无所不能的运营服务团队。既然投入较多的人力、精力、财力开展产业运营服务，就要寻求相应的投资回报与产出效应，不可能长期不计成本。所以，基于长期经营战略，针对园区企业构成和重点客户的需求，开展针对性、营利性的运营服务是根本，这样才具有获取投入与产出的基础及可行性。

上海张江高科多年来拓展园区产业运营模式，从一个单纯的产业地产“房东”角色，向“科技地产 + 产业投资”逐渐转型，通过十余年的创业投资、产业投资，成就了张江高科的“房东 + 股东”模式。同时，以股东身份吸引区外企业进入张江，实现“股东引房东”。

几年前，华夏幸福在产发集团的统领之下，筹划大产业运营服务体系，相继投资设立了定位于全球孵化的太库孵化器，并购了苏州火炬孵化管理公司，以推进从长三角到全国的创业孵化业务和园区运营业务，其产品与服务定位及业务区域定位颇具特色。

“圆才”是苏州工业园区人力资源开发有限公司旗下专业的市场化人力资源服务品牌，提供集市场招聘、网络招聘、猎头招聘、人才派遣、人事代理、人才培训、人才测评、人力资源指数发布、人力资源管理咨询等在内的全方位专业人力资源服务。依托国家级开发区的区域经济发展优势和十余年经营发展积累的良好口碑与资源，以及极富活力的高素质人力资源服务团队，“圆才”正赢得更多客户的信赖，并逐步形成立足苏州、覆盖长三角、辐射全国的服务网络。

2. 联合搭台——引入中介服务须完善中介机制

产业运营服务中的很多内容都是知识复合、经验复合的专业性业务，搭建园区公共平台、开展运营服务完全依靠园区自身能力是不现实的，通常是园区自行搭台与联合搭台相互补充、相互支撑。所谓联合搭台，就是园区与社会中介机构共同搭建公共服务平台，引入专业公司团队开展外包型、联合型的产业运营服务。这是当下各个园区运营通常采用的方式。既然园区敞开大门，引入外来机构进入园区开展运营服务，园区理应获得相应的平台经营回报，从中介服务机构的获利中分得一杯羹。因此，构建完善园区的中介服务体系，摸索可行的中介经营服务方式，是十分必要而迫切的。一些园区在探索尝试“中介服务机构阶段考核淘汰制”“中介公司入股式合作”等模式，推进联合搭台的产业运营服务，如图 25–3 所示。

3. 借人之台——借助区域社会服务须强调效果

借助他人的平台为园区企业提供服务，这种运营服务方式大多诞生于社会化服务、市场化服务比较完善的区域，例如高新区（或自主创新区）、经开区和保税区（或自贸区），这些地区非传统行政区划，是基于产业而建设的产业功能区，天生自带产业集群性质和产业服务功能，在区域政府 / 管委会的协调推进下，巧借区域较为成熟的公共服务职能，让入园企业享受区域政府 / 管委会及外围专业团队提供的相对丰富且延展的运营服务，是颇为取巧的做法。这一过程中，园区必须关注运营服务效果，选择性地参加区域产业运营活动，尽可能让企业有所收获，而不能只走过场、草草了之。园区要心中有数，这种运营服务的方式往往突出了园区社会效益，相对淡化了园区运营的经济效益。

毋庸置疑，无论是长远发展的需要还是短期市场竞争的需要，产业园区建设中都必须开展以产业运营为驱动的复合运营服务。这当中，园区产业运营服务必须有的放矢、循迹而动，如果搞不清“运营什么”“服务于谁”这样的基础问题、关键问题，就盲目推进产业运营服务，那好似“驴唇对马嘴”，对不上点、做不到位、搞不定事，这样的运营没意义、没未来。

图 25–3　中小企业服务集成商“猪八戒网”与园区达成合作

第二十六章

Chapter 26

招商运营一体，“一起奔跑吧，兄弟”

对园区来说，招商是第一要务，是关系经营生存的问题，一级开发的土地转让与二级开发的楼宇租售都决定着园区投资回报的生命线。而运营是躲不开的，有点“剪不断，理还乱”，是当下园区行业的热点与痛点。来自各方面的信息表明，随着社会经济快速发展与行业领域竞争加剧，园区步入了运营时代。运营做得如何，园区品质则高下立分。

一、运营即是招商

运营即是招商，这是笔者在营建每一个园区时都特别遵循和强调的。习惯了赚快钱模式的地产商转型做产业地产，骨子里不大愿意做烦琐且赚钱慢的园区运营，对此需要适应、需要转换观念和调整工作思路。悟透了也就明白运营绝不是负担、麻烦，这是一处待挖掘的宝藏，对某些园区来说，甚至是“救命稻草”。现实工作中，园区运营团队要懂得“抬高自身的身价”，要想方设法让公司和园区的相关人群感知运营业务和运营部门的重要性与利好；运营服务不是鸡肋业务，运营团队更不是可有可无的散兵游勇。

笔者在与某头部地产商的业务接洽中了解到，该公司某区域公司应对产业勾地和产城业务推进的需要，从政府和孵化器等机构招来几位精英组建了复合运营部门，但区域公司对该部门的重视程度、支持程度有限，让几位精英颇感英雄无用武之地，私下筹划揭竿而起、集体出走另干一番事业。冷观这个事例要话说两头，一方面这家头部地产商虽叱咤行业，但在产业地产领域一直处于边缘徘徊的境地，园区板块业务犹抱琵琶半遮面，始终不温不火，即使意识到产业运营部门的重要性，但战略目标与惯性思维及“大船体制”令公司对新设产业部门的支持难以真正到位。而另一面，进入大牌传统地产商的产业精英是不是充分发挥了聪明才智、带来了良好的营销效果。提升了公司整体业务绩效呢？在其位不仅谋其政，还要谋大事、谋大效果。在一个公司的存在价值也取决于你在一定时期用了多大心思、做了什么事及其效果与影响力，这对职业经理来说非常重要！

要做好一个园区，从前期规划定位，再到建设、招商和运营服务，整个流程和生态系统是融会贯通、相辅相成的，一个环节做得不如意，往往依靠后面的环节来补救和平衡。假如多个环节都不如意，那这样的园区项目即使拆东墙也补不上西墙。如果多个环节做得都比较到位，一环套一环，环环相带动，这样的园区不成标杆都难。在这一系列环节中，招商和运营无疑是前后关联的两大关键性实操工作。

园区运营做得有特色，招商肯定受益，甚至是大大受益。资深的园区操盘者都会感受到，当你花心思运营园区到一定阶段的时候，无论是运营的诚意还是运营的实效，都会触动和感动企业客群及你的公共关系群，口碑传播、以商招商、政府帮招、企业慕名前来，这些都随之产生且越加顺畅。

招商不仅是引入重点企业，对产业地产商来说，还涵盖了房产销售、楼宇租赁。笔者曾经操持的一个产业地产项目，包含研发办公楼宇租售与产业招商，营销总监和一个销冠对园区产业运营工作不很理解，觉得产业运营有没有无所谓，这样的模式有些另类。招商和房产营销呈现了良好的绩效后，这两位也自感羽翼丰满，于是跳槽到了另一个园区项目。当他们再次见到笔者时，大吐口水抱怨新项目不重视运营，对销售没有支撑，还向笔者讨教园区运营的策略和方法。这件事情让笔者更加坚定了产业地产必须强化运营的操盘理念。

园区随着运营通常是进阶的，但也有极个别的降阶，起初做运营信心满满，可产业运营服务不好做，短期内见不到明显效益，入驻企业也未必会有多满意。于是，个别产业地产商回落到象征性的摆个运营的 POSE 就万事大吉了。

二、招商运营一体化的门道

运营即是招商，自然涉及招商和运营紧密绑定的问题，全力形成“以招商带运营、借运营促招商”的良好局面，即达成招商运营一体化。招商运营一体化追求的就是“你中有我，我中有你”的无缝连接，通常遵循六个基本原则。

1. 理念统一

园区上下必须统一招商运营一体化的理念，老板充分认可，基层员工也明白是怎么一回事。招商运营一体化必须保持延续性，必须减少一切思想不统一导致的障碍。就像球场上全体球员必须统一思想，是全攻全守，还是防守反击一样。

2. 运营前置

将公共平台、运营服务的职能事先筹划，在招商伊始甚至园区项目刚立项时就提前启动适合自身园区的一些服务工作。例如将政策对接、项目申报先期启动，可以为园区申报一些补贴项目，获取一定政策支持，积累相关经验和资源。这也是为日后进驻企业提供申报服务和政策服务打下基础，建立相关业务渠道关系。先满足自己，再满足业主，不失为一个好方式。

3. 步调一致

当下，国内多数园区在招商和运营上存在着两张皮现象。如果从团队的属性讲，招商团队和运营团队一个主导外拓市场，一个主导内部营运，虽各有侧重，但其实内外息息相关，工作中需要做到整体一个目标、对外一个声音，保持步调高度一致，切忌两张皮。运营人员辅助招商，可以给予鼓励性的招商提成奖励，以调动积极性。招商团队适当参与、辅助运营，可以知悉产业地产的建设本质和营运模式，反过来能够更好地去招商。笔者的实际工作经验是招商团队和运营团队最好由一位核心领导统领，避免分设两个体系、两个部门、两个平行领导而导致的相互扯皮、效率低的现象。在具体工作及后续绩效考核中，KPI 指标的设定要科学合理，能够切实促进招商和运营的配合联动。

4. 招商协同

园区招商实际上由地产租售（一级开发还涉及土地出让）与产业招商两块工作构成。顾名思义，地产租售从事的是楼宇房屋的买卖及出租业务，偏向于传统地产业务内容；产业招商从事的是“招商引资”“招才引智”，侧重产业层面的产业项目、人才、资金及配套服务机构的引入，类似于政府招商部门从事的工作。当下，园区招商几乎不可能只做上述两块工作中的单独一项，既要引入产业企业，又要把楼宇租售出去。因此，招商运营一体化首先是把园区楼宇租售和产业招商协同起来、绑定好，要从管理机制、业务流程设定、工作任务安排、岗位职责设定、绩效考核设计等各个方面统筹兼顾、协同调度。

5. 夯实平台

产业运营服务是园区运营的核心、是园区发展的驱动源，产业运营服务的主要工作是搭建公共服务平台，以平台为载体为园区企业开展卓有成效的综合服务工作。如果公共服务平台未夯实，运营服务难以有效开展，园区企业不能享受切实的运营服务，那么一切工作徒有虚名，招商运营一体化也就无从谈起。

6. 多线联动

多线联动是线上线下联合推进，线上园区宣传推广与线下开展运营服务有效联动。无论是招商还是园区运营，活动都是工作推进的有效方式与重要媒介，正所谓“活动搞起来、园区火起来”。当然，招商运营活动的前提，一是运营要务实，二是招商要灵活，运营打底扎根，招商伞面扩展。

2019 年 7 月 5 日，为助力深圳蛇口网谷及南海意库入驻企业的成长，招商产业联合 12 家优质第三方企业服务商，以“路演 + 展位”的形式在蛇口网谷政企服务大厅举办了企业服务商路演活动，行业涵盖工商财税法、电子印章、互联网营销推广、政策补贴申报、知识产权等领域。百度、金蝶、创业印章等服务型公司在会上纷纷亮相并与园区企业积极互动。此活动旨在提供蛇口网谷及南海意库企业“一站式”服务，解决日常经营过程中的服务需求，减少非核心业务内耗。活动展示的是夯实园区运营服务，而潜在的是提升园区形象，进一步扩展招商，事实也对此给予了验证。

有人或许会问，如果说运营好就可以推进园区产业招商和楼宇去化，那招商人员、营销人员还有这么重要吗？毋庸置疑，运营永远代替不了招商，“运营即是招商”及“招商运营一体化”强化的是将招商和运营这两个原本性质不同、内容不同的工作有效协同、充分联动，基于一体化的思维、通过一体化的举措，一边促进园区招商，一边推进园区运营。

招商和运营好比一对兄弟，哥俩好，齐心协力、并肩作战，胜利的曙光就在前方。反之，兄弟俩各行其道甚至明争暗斗，那沦落为难兄难弟的日子也就不远了。

第二十七章

Chapter 27

遴选产业地产商需练就火眼

区域招商，有的直接引入产业企业，有的先引入园区开发商 / 运营商或者孵化器 / 众创空间，园区或孵化器会开展二度招商及运营。如果引入了实力出众、能力超群的产业地产商 / 园区运营商，对一个区域绝对是利好，起到了产业杠杆效应，依托该产业地产商 / 园区运营商的建设营运，区域推进了产业企业集聚、赋能社会经济发展。实事求是地讲，业界这样的全国性拓展并业绩斐然的产业地产商 / 园区运营商并不多见，用凤毛麟角形容也不为过。当然，行业中能力说不上出类拔萃却也中规中矩的产业地产商 / 园区运营商是有的；隐于各地、藏龙卧虎般存在的产业地产商 / 园区运营商也是有的。政府与园区、招商与被招商，其中玄机很多、故事很多。

一、区域被产业基地 / 园区忽悠了

2019 年年中，河南南阳高新区招商引进的“水氢汽车发动机下线”事件沸沸扬扬，成了舆论焦点，也成为 2019 年招商领域的一个笑柄，这个水氢汽车产业基地也成了泡影。

无独有偶，巴铁产业园是与汽车相关的另一个招商闹剧。巴铁源于一个名为“宽体高架电车”的发明，巴铁介于有轨电车和大巴之间，上层可载客，下层有窗有灯可通行车辆。据当时的介绍，每辆巴铁可载 1200 名乘客，减少主要交通干道 25% 到 30% 的拥堵，施工周期只有地铁的三分之一，而且造价只有地铁的十分之一。据有关报道，2017 年，折腾 7 年的巴铁项目彻底死透，秦皇岛的试车设施被拆；“巴铁之父”白志明被刑拘；还留下近 4 万血本无归的投资人及近 50 亿元人民币的大窟窿；全国多地的“巴铁”基地以闹剧告终。巴铁问世以来，签了多地园区建立基地，包括周口巴铁研发及生产基地，天津河北区巴铁科技研发中心、产业基地、金融中心和销售中心。在记者的探访中，河南周口港口物流产业集聚区更为此新修了一条“巴铁大道”公路，但园区内荒草丛生，只有羊群在吃草。最终，巴铁被定性为利用项目在

全国布局数百家分公司，打着地方政府拟建巴铁“PPP”的非法集资。值得关注的是，巴铁项目曾上过央视、参加过科博会、登上过《纽约时报》。媒体、投资人、园区尽皆中招，可谓“项目包装”的集大成者了，如图 27-1 所示。

图 27-1　从风光无限到落荒而散的“巴铁”产业园区

笔者 2019 年赴山东某高新区就产城建设、区域招商作演讲交流。在该高新区参观时，一路上看到了多处烂尾产业基地（园区）工程，当地工作人员也是慨叹看走眼了。依笔者的信息和经验，这是被几个知名或不知名的产业地产商（严格讲，有的甚至不能称为产业地产商）忽悠了。笔者也站在高新区的角度，与相关领导和主管人员分享交流了选择产业地产商的基本原则和方法。

二、遴选产业地产商的“火眼之术”

区域在招商引进产业地产商时肯定存在着风险。很多园区光环映照、荣誉加身、追求者趋之若鹜，让人一时难以明鉴。本着助推区域产业发展、有利行业健康成长的目的，笔者归纳了区域政府招商引入园区（产业地产商）的基本原则与方法，即引进园区的“五看”和“五多”，供区域政府（管委会）招商参考。

（一）区域引进园区要“五看”

1. 看园区典型成功案例

我们相信，区域政府（管委会）一定会考察产业地产商 / 园区运营商以往建设管理的园区或产城项目等，借以评估产业地产商 / 园区运营商的综合实力与专业运营能力。考察评鉴园区的关键之处是知悉园区建设营运的核心问题，不看热闹看门道。譬如：从产业上，要看园区产业定位是否考虑了区域的产业基础；从建筑规划上，要看园区的建筑配套标准品是否满足进驻企业需求；从产业招商上，要看是否形成了一定的产业链或打造了产业圈；从运营上，要看是否建设了公共服务平台并为企业开展了有效的服务；从综合绩效上，要看是否享受了所在地政府的优惠政策、荣誉及资金支持。

2. 看园区基本经营模式

考察园区经营模式，这一点似乎有点虚，但知悉和研析产业地产商 / 园区运营商的经营模式，可以看出其顶层设计能力、战略经营水准、赢利模式及园区管控能力。熟悉园区建设营运模式的政府官员往往不用费力就能洞悉某个产业地产商 / 园区运营商的经营能级和管控水准。

3. 看相关产业合作资源

产业资源整合是当下产业园区 / 产业地产界的必修课。政府招商引进产业地产商 / 园区运营商，期冀的是带来产业、形成产业集群、促成区域转型提升。所以，产业地产商 / 园区运营商身边的产业资源是政府前期考察评估的重点。政府会看你的密切合作方都是谁；看你能不能带来产业龙头或独角兽；看你能够带来的产业资源是到处挂牌要政策补贴的还是真正落地经营发展的；看你能够带来的产业资源是处于研发阶段还是产业化阶段；看你能够带来的产业资本有哪些；看你曾经投资过哪些新兴产业项目。

4. 看核心骨干人员资历

园区是由职业操盘手做成的，有精神的人成就有精神的园。考察园区的操盘手与核心骨干是否真正具有丰富的园区营建经验和复合的工作能力及责任心，这是特别重要的。曾记得笔者在河北某市建设园区时与当地官员保持密切沟通互动，某领导私下对笔者说：“有你在这里督阵，我们就放心了……”这话具有多层意味，也鞭策和激励笔者要对得住区域领导的信任和期许。

5. 看拿地建设模式次序

不少产业地产商的建设模式是“园区 / 产城 + 住宅 + 商业”，在园区 / 产城概念拓地的同时，需要匹配一定的住宅用地或商业用地。本着产业为核心的发展理念，区域政府（管委会）优先选取的是园区建设运营商，而不是综合地产开发商。在评估意向引入的产业地产商的建设计划时，对那些意向拿下综合地块的产业地产商，如果计划率先启动的不是产业板块而是住宅建设（或者住宅与产业板块同步启动），政府应当谨慎，因为其风险可能是该产业地产商过多寄托于住宅回报而忽略或淡化了产业园区的招商营运（现实中这样的案例并不少）而导致项目尴尬不堪。如果某些产业地产商筹划率先启动商业板块建设或者商业板块与产业板块同步启动，依笔者看来，对于某些缺乏商业商务配套的区域地块，这也未必是负面的，关键看其商业配套产品的定位与规模是否符合区域需求。这一点政府要客观把控。

（二）区域引进园区要“五多”

1. 多实地考察

与意向招商引进的产业地产商 / 园区运营商保持一定频次的互访考察，去他们的总部、办公所在地及建好的园区考察探访。探访交流的背后实际上常态化了解评估产业地产商 / 园区运营商的真实实力和经营状态。

2. 多查询信息

线下多实地考察，线上多查询监察，这好似 O2O 模式。查询意向招商引进的产业地产商 / 园区运营商的各类经营信息乃至广告，搜集正面的信息，更要看有无负面信息，了解其当下和以往的经营情况，探究其营运虚实，知悉其诚信、口碑情况。

3. 多微服私访

任何时候，微服私访都是调查评鉴的秘密武器，它与明面的考察调研互为补充，往往能够获得更真实、更难得的一手信息，正所谓明察暗访。区域政府（管委会）对意向引进合作的园区进行适当的非打招呼的暗访，可以获取园区进驻企业、园区合作方、园区所在地政府等对该园区建设营运的真实反应。当然，这种微服私访要注意方法得当、时机合适，不要引来不良反应，甚至造成与产业地产商 / 园区运营商的关系紧张。

4. 多深入交流

与产业地产商 / 园区运营商的核心领导层和骨干人员保持密切沟通，甚至是私下的感情交流。通过人与人之间的深入沟通交流，知悉桌面上看不到的产业地产商 / 园区运营商的真实状况。正像一位招商老手所言：“喝酒喝茶，一个武谈、一个文聊，作用真别小看。”

5. 多学习培训

多多参加产业园区领域的论坛、会展，自我组织或赴外参加有关园区 / 产城的培训考察班，单位内部时常组织一些专题学习研讨交流。让政府招商人员和管理人员从“懵懂少年”转变成行家老手。如此这般再去选商与洽商，效果与结果不可同日而语。

招商是第一要务。招商中有一点需要特别强调，即政府（管委会）招商必须遵循一张蓝图绘到底的理念，保持政策的连贯性和履约率。铁打的营盘流水的兵，政府（管委会）领导官员调任是常事，很多招商不良事件就出在领导更迭之中。区域新任官员在发展一方经济上要有胸怀与担当，对于前任留下的招商项目，都要本着实事求是、助推企业成长、造福一方百姓的心境去处理对待。对于存在问题的招商项目，要真心帮扶和解决；代表前任官员功绩的项目，如果能够延续项目更好地发展，不是更显新任官员的气度吗？依法执法，要在法律规定的范围内兑现招商承诺，对不合法的承诺要依法协助被招商方予以调整解决，促进被招商方达成良性发展，为未来继续实施新政积累“政府的诚信”，积累社会人气。不然，被招入的园区或企业都会认为，新任官员的承诺都是暂时的。如此一来，那些适合本地的优质项目贻误了发展时机，当地的社会经济始终在缓慢发展中徘徊。

当下这个故事盛行的年代，一不留神就可能被忽悠、被套牢。政府、园区和企业之间招商与被招商的关系彼此交错、互有接壤，其间谁都希望有一双火眼金睛，鉴影度形、好谋善断。火眼金睛是孙大圣的，招商人的火眼金睛是一套调查研究和情境分析的组合方法。切记，没有方法是万万不行的，方法单一也不能保障一切皆行。

第二十八章

Chapter 28

园区操盘营运的十个差评

产业园区的操盘营运及产业地产的经营推进中，有很多事情体现了园区项目的操盘理念和管理水平，甚至显露了背后的公司顶层设计与战略规划的能级水准。以点带面、借事说理，下面列出园区建设营运中的一些典型性问题并给出差评，以提示园区操盘手以更全面、深入和系统的思维及方法推进园区建设发展。

一、招商不力就一味怪罪招商团队

考察咨询了不少项目，发现招商好的园区可以把招商团队、招商骨干捧上天；而招商不力的园区，招商团队就被踩到地上。胜者王侯败者寇，这一现象可以理解。但是有个问题必须“纠结”一下，招商不力就是招商团队的问题吗？园区是否投拓建在一个没有产业基础、没有创业氛围、没有营商环境的区域？园区的产业规划是否合理？园区建筑产品是否符合目标企业客群的现实需求？园区的政策是否有竞争力、吸引力？园区的区位交通是否畅达？园区的商业配套是否便利？园区是否一心卖房、无心服务？

园区招商不力首先是要从招商工作本身找问题，但也必须对项目规划甚至顶层战略进行反思分析。有的园区表面上是招商出了问题，实质上是项目“根”上出了问题，招商对于这样的项目只是治标不治本。确有点石成金的园区招商高手，但那毕竟少有。笔者在国内接触园区项目不少，发觉很多园区的老总甚至背后的老板对产业地产还没搞清晰，就红着眼睛进入新领域想抢一杯羹。这肯定是会出问题的。

二、迷信大牌产业地产商的经理们

国内更多的是中小产业地产商，大牌产业地产商的职业经理很抢手，被中小产业地产商高薪猎聘是常事，甚至很多地产 N 强中做过产业地产的职业经理也被热捧热追。王牌军里干习惯了，到小部队乃至游击队是难以适应的。大牌企业的经理往往习惯了大牌的体制、文化、资源和流程，也保留了大牌的做派。一旦被挖到中小产业地产商工作，首先要适应中小产业地产商的经营机制与管理文化，这对双方都是挑战。其次是大牌企业的从业者中确实藏龙卧虎，但并不等于个个是好汉、人人是英雄。缺乏真才实干、混迹于大牌企业的经理，加入中小产业地产商会让老板失望，甚至让园区业务雪上加霜。此外，冷静观察产业地产 / 产业园区国内市场，行业标杆园区往往不是大牌企业做的，中小地产商对此应该清楚你聘请“高人”是来做什么的，擅长领域是否对路。

三、规划和策划报告不能执行推进

大牌产业地产商通常请外部咨询机构对产业地产项目进行规划策划，这是常规性操作，有些中小产业地产商在前期对产业地产业务不是很熟悉的时候也会寻求咨询机构的外脑支持。但不承想，在项目建设推进中却发现规划报告或策划书与现实差距较大，操盘起来很难延续规划策划的内容去执行。于是有了业界调侃的“规划规划，墙上挂挂；报告报告，互相抄抄”。出现这样的问题，应该给咨询策划机构和园区团队各打五十大板，合作外脑不够格，园区团队欠走心。找寻咨询机构不要只看以往的报告、策划书是否写得漂亮，而要考察报告、策划书内容是否符合项目实际，必须“一园一案”，针对项目个案来研究策划和推出创意。而园区团队必须有脑用心，懂得挑毛病，举一反三地沟通报告、策划书的一些关键点、问题点。

四、招商人员为个人业绩单打独斗

园区招商是依靠团队奋进，还是依靠招商强人的个人发挥？当然，团队与个人同时发力是最理想的。有些园区过于依靠招商个人英雄式的发挥，长远看有两个弊端，一是没有过硬的招商团队成就不了规模化的园区业务。园区规模大或者公司有多个园区项目并准备长期从事产业地产业务时，必须培养出招商团队，并建立一套完善的招商机制、流程和模式。二是突出个人招商形成潜在的经营风险。短期依靠个人英雄式的招商可以完成阶段性招商任务，长远看风险很大。一旦“招商英雄”流失出走，如果没有及时的强替补，招商业绩很有可能直线下降。

五、网上搜索清一色售房广告条目

上网搜园区名称，满屏跳出的都是楼盘详情、租房信息、楼盘点评，而刊载信息尽是房天下、搜狐焦点网、凤凰网房产、乐居、腾讯房产等，往下拉后面的页面如出一辙。对于做地产、卖房子来说，没毛病，可是我们做的已经不是传统地产、普通地产，我们做的是产业地产，一个内容特别复合的产业地产。笔者说过，“把产业地产做得不像地产了，你的商业模式快出炉了”。通过网上搜索透出了园区的操盘思路、营销策略乃至战略模式。如果网上搜索不仅看到的是房地产门户网发布的楼盘信息，还看到了非地产门户网发布的园区在产业集聚、运营服务、政策对接等方面的综合信息；换位思考，你作为产业企业、政府机构或者社会相关方又有什么样的感受和潜在影响呢？

六、招商员宣讲公共平台就找后援

进入园区招商中心，招商人员笑容可掬地向客人介绍园区情况，当客人问到产业政策、园区服务时略有卡顿，尤其是说到园区公共平台的具体运营服务时，说不详尽甚至不得不请出后援团来解答相关问题。这样的园区你遇到过吗？或者你家的园区是这样的吗？说浅了，是园区的招商筹划、招商准备、不到位；说深了，是园区对园区运营尤其是产业运营存在短板。招商和运营没能达成一体化推进。

七、举办搞滥了的活动还浑然不知

俗话说“吃别人嚼过的馍不香”“重复自己做过的事没劲”。眼下，园区举办招商活动和运营活动是习以为常的事，但活动倘若是各个园区搞滥了的活动或者自己曾经做过的活动，那就要三思而行。比如各地园区经常会策划组织的园区摄影赛，可以吸引园区企业人士及各界相关人群广泛参与。本来活动动议是不错的，对招商和运营都有益，但是每个园区都举办，就缺乏新意和影响力了，尤其是那些既没建筑风景、又没人文风采的园区。如果还想举办园区摄影赛，那就得从形式或者内容上搞一些创意、补一些“调料”了。

八、公司产业招商运营人员很边缘

园区设有运营部门或运营岗位的越来越普及，但运营部门的作用和地位，往往越是大牌地产商，运营部门及其人员越边缘。笔者接洽的某地产龙头区域公司的产城部门人员不无苦涩地向笔者倾诉，几位精英踌躇满志而来，宛如一股奔腾的清流，可越往前走越感落寞和掣肘，整个团队不得不另谋出路。当下，地产逐渐转向存量地产和复合运营时代，产业地产是产业与地产的复合体，“产业地产，产业为核，地产为壳；壳是现在，核是未来”。以产业运营为驱动的园区复合运营逐渐成为主导主流；认识不够或执行不到位，长此以往，难免掉队。

九、乱花乱报获取的政府扶植资金

有些园区是有些能量和成绩的。园区通过运营与公关，获得了政府政策的鼓励，得到了资金奖励或贷款补贴。这是值得点赞的地方。但是接下来的事情不提倡或要给予差评，那就是园区将获得的资金奖励乱支乱花，在项目上用来“拆东墙补西墙”，等到后期的奖励资金验收环节，又被迫胡编乱报，一旦遇到政府严格审核时就难以过关。这对园区项目的运营管理和政府扶植政策的管理都是负能量。一旦因为乱花乱报上了政府项目申报的黑名单，对园区品牌和后续获取政府支持都是极其不利的。

十、当初给予各方的承诺不予兑现

诚信走天下，兑现承诺是园区持续发展的前提，是培育品牌的基础。园区营建承诺主要面向三方，即入园企业、资源合作方和区域政府。对企业承诺不兑现面临的是新客户损失和老客户流失，问题大了甚至可能造成园区招商难以推进，园区经营停滞。对资源合作方的承诺不兑现，大多是原来答应给予资源合作方的资金、土地、房子、政策等不兑现，如果与关键的资源方闹掰了，尤其是与前期联合拿地的资源方闹掰了，同样令园区难以前行。园区最不可承诺不兑现的就是区域政府，当初与政府谈定的土地使用、产业规划、产业集群、产业运营与园区产值利税等指标内容，如果未能兑现也没有补救措施，政府会有多个杀手锏反制产业地产商 / 园区运营商。真的到政府祭出杀招的时候，园区就走入“悲惨世界”了。

给予差评的园区操盘营运的十个问题具有典型性症候，你们园区有吗？去除差评需要园区从上到下的努力，也不能好了伤疤忘了疼。透过现象看本质，治标更要治本！

后 记

有精神的人造就有精神的园区

产业地产业界流行一句话：园区做得好与坏，就看有没有情怀。初涉产业地产领域的人可能对此感受不深，但那些产业地产老手或许颇有同感。当然，也经常有人笑谈，情怀不能当饭吃。“风月无今古，情怀自浅深。”说到此，笔者也补上一句，“人间情怀异纷呈，高低错落皆风景”。

一、老板的高度 = 园区的高度

记得在与一位国有产业园建设公司的老总交流时，他颇为感慨地表示：我也想带着大家把我们的园区精耕细作，做成顶尖的示范园区，但我们政府考核部门考核的指标不是你把园区建设运营得多么出类拔萃、怎样形成产业集群、怎么孵育独角兽企业。上面考核的就是硬指标，看园区每年建设规模达到多少，园区房产的营业额、利润……如果硬指标考核过不去，没等我们把园区做成标杆，我就先成独杆了。话说两边，表面来看这位老总说的没毛病，相关考核部门考核国企领导的指标可能没有针对园区做出特别专业细致的指标，考核的都是基本面的、公司经营的硬指标，而国有园区老总确实得瞄着指标推进工作，没那么多精力和心思把园区的业务做得特别精深完善。可是往深处说，即使考核指标没有对园区营运做出高标准的设定，作为公司领军者、就没有责任和义务把自己的工作提升一截吗？让自己的企业走得更具品质、更具发展性吗？况且，工作提升会促进营业指标的提升。我想那些有情怀、有事业心的老板们还是会让自己的理想放飞的。

类似上面国有园区老总的事情，以往笔者曾经历多次。在笔者身为职业经理操盘园区的时候，由于园区比较出彩，区域政府领导让当地的一家上市公司、国有工业地产集团（早先产业地产还未叫响）的老总带领管理层到我们项目来交流取经，该国企后来由一位副总带队，共有十来人与我们进行了交流探讨。该集团那位一把手老总并未前来。其实，座谈双方都心知肚明，一把手的理念意识未转变、未调整，只是下属折腾也是不行的。数年过去了，这家当初实力雄厚的上市国有工业地产集团愈来愈默默无闻。

国有产业地产商、园区运营商的领军者如果缺乏足够的事业动力，我们可以通过建立完善激励与考核机制、调整考核指标、转换体制及培育企业家精神等方式，加以促进和改进。但如果企业老总压根就少有情怀、缺乏事业心，那恐怕外围怎样努力、怎么改进都难以获得一个上佳的结果。

国企有此现象，民营产业地产商又如何呢？笔者近十几年来更多地服务于民营产业地产商，深刻体会到民营产业地产商的大 BOSS(董事长)有情怀，公司的园区业务和园区项目就有品质、有模样；否则的话，一众总裁和副总带着一帮人天天忙活那些硬性经济指标，至于其他工作，只要说得过去就行，园区最后能建成什么样不在他们关心和能力范围之内了。

国企也好，民企也罢，一句话，“老板的高度等于园区的高度”，“老板的高度”决定着园区发展的顶层天花板。园区就是园区老板的影子，是老板和基于老板文化的核心骨干的一份作品，老板骨子里的东西会体现在园区建设营运的方方面面及细节上。无情怀的老板无法造就有精神的园区。

有理想、有情怀的园区操盘手、职业经理若想成就一番理想事业，应该清楚选择什么样的老板、什么样的产业地产商。如果选择不对，工作起来时常会出呈现“猴吃麻花——满拧”的尴尬现象，甚至干到一定时间、一定程度，会很迷茫、很痛苦。

二、经理的宽度≈园区的半径

老板的高度决定了园区的高度，决定了园区发展的极致上限。但不要忘记，让园区发展壮大的不仅有老板，还有老板的左膀右臂和一众核心骨干。这些人包括园区招商总监、运营总监……核心骨干、职业经理的思维宽度、能力宽度不断叠加，就不断累加园区拓展的幅度。

换个说法。老板好比是大脑、是心脏、是核心骨干的核心，而骨干经理好比四肢，在大脑的指挥和心脏的支持下负重前行、奋力延展。骨干经理能够行进多远、伸展多长，也就决定着园区营运业务的拓展半径能有多长。

某城市老厂更新改建文创园，老板任命自己的老部下为招商总监，这位招商总监人很灵透，但学历不高、学识不深，对于园区业务、文化产业也没那么灵透。招商总监工作倒是努力，但大半年过去了，虽有零星企业有意向进驻，但与文化创意产业不大相关，招商业绩难以服众，公司位置岌岌可危。迫于压力，总监急中生智，紧急引进了一家文创企业——美甲创意工作室。这个美甲工作室实际就是一位女孩创业为女生修饰指甲，工作室占据了园区当时最为核心的位置，室外还涂鸦了一番，分外抢眼。每每文创企业、业界同仁、区域领导前来考察，对美甲这样的“文创企业”颇有微词，让老板的脸上越来越无光。

某发达城市著名制造企业开发建设的园区，一期、二期招商的效果不错，园区形象也还可以。园区有了稳定的现金流，老总踌躇满志，想趁着园区三期建设的启动，全面提升园区营运品质，招商要强化“互联网 +”的新兴产业集群，运营比肩城市几个标杆园区，还特别聘请了行业知名顾问协助规划和营运。理想丰满、现实骨感，不承想，相关计划出台后，在推进当中老总明显感到原来的招商运营团队躺在功劳簿上不思进取、敷衍了事，各项计划很难有效推进。老总感慨，好像自己用力打出的拳头都打在了棉花上，没反应、没互动、没协同。恰逢三期招商的关键时期，临阵换掉熟悉园区且有功劳的众将士，怕影响了招商，打乱了进度。老总暂且维持园区原来状态，园区错失了发展黄金期，目前还是闷在那里，未能实现理想的营运升级和品牌再造。

骨干经理的实战能力、综合素养及事业心，就是园区业务拓展的半径范围。“经理的宽度≈园区的（发展）半径”。之所以说“约等于”，是因为园区招商的半径、运营的半径、拓展的半径是多位经理人的宽度叠加，而且发展半径与公司整个体系的协同效应及外脑外力的辅助作用也息息相关。

老板选将选对了，园区发展半径在延展，同时也在加速成就老板的

高度。一个圆平面再加一个支柱构成了园区的三维立体发展模型，园区发展半径不断扩大、高度不断伸展，园区这个三维体就不断扩张。拿数学公式“戏说”一下我们园区的建设发展，就是园区发展体量 $V=(1/3)\pi r^2h$，其中的变量 h＝老板高度，r＝经理宽度。

经理的宽度对园区营建格外重要。在这里顺便提一句，很多知名产业地产商旗下的职业经理很抢手，但业界有共同认知，并不是所有知名产业地产商出身的职业经理都强悍，这种盲目迷信迷恋会出问题。因为很多知名大公司的营运是靠体系化的营运、靠品牌背书化的经营，靠“一个萝卜一个坑”式的团队作战，在这样条件下养成的各级经理或许有见识、有谈吐、有气场，可一旦脱离了强大的体系和团队，一时间可能还不如中小产业地产商野蛮生长出来的草根经理。

去年在某产业园区论坛上，笔者与坐在身边的老友、某园区运营商老板聊天，笔者问他：“你身高多少？”对方诧异地看着笔者，“你不是知道吗？本人身高不是摆在这吗？1.92 米。”他略带自豪地说道。笔者乐了：“我知道你个高。我想跟你说，老弟，你做得园区挺不错，但园区应该像你一样更高……”

“老板的高度与经理的宽度”决定着园区的营建品质水准有多高，园区经营发展能走多远。做园区是一种情怀，做地产是一种生意，好的创业、好的事业就是赋予生意一种情怀。笔者深知：**有精神的人造就有精神的园！**

老板·创业			
一、经理人			
书名	**内容**	**书名**	**内容**
老总有想法，高层有干法 王清华　著	企业将、帅之间的定位问题、角色问题、方法问题、思维问题、管理问题等	**历史深处的管理智慧1：组织建设与用人之道** 刘文瑞　著	通过历史鉴照当今企业选人用人、二代接班人、创业团队管理等问题
历史深处的管理智慧2：战略决策与经营运作 刘文瑞　著	通过历史鉴照当今企业决策、战略规划、战略冒进、决策监督等问题	**历史深处的管理智慧3：领导修炼与文化素养** 刘文瑞　著	通过历史鉴照当今企业的领导修养、用权、管理风格等问题
老板经理人双赢之道 陈明　著	经理人怎么选平台、怎么开局，老板怎样选/育/用/留		
二、用人			
用好骨干员工 王敏　著	系统化分享关键人才打造与激励方法	**领导这样点燃你的下属** 孟广桥　著	领导者如何才能让员工积极主动地工作
让用人回归简单 宋新宇　著	帮助管理者抓住用人的要害，让用人变得简单	**激活新生代员工** 史量　孙斌　著	走进新生代的世界，一套行之有效的管理、激活90后、95后、00后的方法
三、转型·创业			
创业要过哪些坎 董坤　著	15年创业咨询经验总结的创业遇到的问题及办法	**高潜牛人** 董坤　著	创业和事业发展中如何找到牛人
成为下一个SaaS独角兽 崔牛会　主编	19位SaaS领专家，7个不同的视角总结SaaS行业实践	**创模式：23个行业创新案例** 段传敏　著	CEO社群23位企业家的思考与实践分享
重生——中国企业的战略转型 施炜　著	本书对中国企业战略转型的方向、路径及策略性举措提出了建议和意见	**7个转变，让公司3年胜出** 李蓓　著	企业估值、业务模式、营销、生产制造、客户服务、用户黏性、组织管理7个转变
企业二次创业成功路线图 夏惊鸣　著	五步骤给出了一幅企业二次创业经营突破、管理提升的成功路线图	**跟老板“偷师”学创业** 吴江萍　余晓雷　著	如何通过“偷师”学习与积累当老板的阅历
公司由小到大要过哪些坎 卢强　著	企业成长路线图，现在我在哪儿、未来还要走哪些路都清楚了	**跳出同质思维，从跟随到领先** 郭剑　著	66个精彩案例剖析，帮助老板突破行业长期思维惯性
极速增长：企业扩张策略 董坤　著	以“8shoes扩张法则”为思考框架，帮助处于这个阶段的创业公司及以创业公司形式孵化的变革型项目做出清晰的战略选择		
企业经营			
经营打造你的盈利系统 高可为　著	选择最有效的经营策略，打造属于自己的商业模式	**中国企业的觉醒** 王涛　著	企业告别自私、野蛮，转向善良、爱，才会赢得消费者
成为敏感而体贴的公司 王涛　著	未来有竞争力的企业，一定是那些敏感而体贴的公司	**有意识的思考** 王涛　著	对头脑中固有观念保持觉察，从而超越它们的局限
简单思考 孔祥云　著	著名咨询公司（AMT）CEO创业历程中的经验与思考	**写给企业家的公司与家庭财务规划** 周荣辉　著	以企业的发展周期为主线，介绍各阶段企业与企业主家庭的财务规划

续表

书名	内容	书名	内容
从10亿到100亿的企业顶层设计 刘建兆　著	重新定义企业成长方式，有效益、有效率、有效能、有效果、有品质的良性成长	**活系统：跟任正非学当老板** 孙行健　尹贤　著	造活系统，使系统活，靠系统活，活的系统
宗：一位制造业企业家的思考 刘建兆　著	发展20年营业额近亿元制造业企业家的思考与心得	**使命：驱动企业成长** 高可为　著	用大企业发展轨迹及企业家的心路历程，揭示企业成长的基因、做事的逻辑
让经营回归简单 宋新宇　著	战略、客户、产品、员工、成长、经营者的经营法则	**边干边学做老板** 黄中强　著	86个案例讲述中小公司成长过程中遇到的问题和方法
盈利原本就这么简单 高可为　著	跨越业务与财务边界，为企业提高盈利水平提供方法	**战略参谋：写出管用的战略报告** 蔡春华　著	企业对自己、市场、行业其实了解更深，助你高质量完成战略规划
不战全胜：给企业家读的孙子兵法 王吉坤　杨伟霞　著	从《孙子兵法》提炼和总结了帮助企业打造行业龙头品牌的体系	**公司离不开的全栈运营高手：产品运营与推广获客** 王虎　著	涉及运营案例、思维理论、实操复盘、管理方式、推广策略等，是作者八年运营推广经验的浓缩
公域引流　私域经营：这样经营用户关系 王庆云　汪洋　著	为大中型企业提供私域建设的顶层和全景式框架，探索不同业务特性可能适配的不同私域模式	**平台生态：价值创造与价值获取** 彭毫　罗珉　著	厂商之间的竞争已经从产品转到平台，如何创造新的价值创造和获取模式，是企业最想得到的答案
合伙制经营：有效激励，而不丧失控制权 胡八一　著	重点阐述实施合伙制的流程，通过四步为企业家提供一种有效激励而不丧失控制权的工具和方法	**机制创造人才** 彭剑锋　尚艳玲　著	华夏基石专家团著作，为个体赋能，经营人成就人，进行机制创新和价值管理
管理·管理学			
一、企业管理			
让管理回归简单 宋新宇　著	从目标、组织、决策、授权、人才、老板自己等提供方案	**管理的尺度** 刘文瑞　著	西医式的体检化验，又要施加中医式的望闻问切
管理：以规则驾驭人性 王春强　著	人性驾驭角度权度运筹安排的可兑现性，管理有效性	**看电影，学管理** 刘文瑞　著	十六部电影的解读，揭示电影内含的管理之道
好管理　靠修行 曾伟　著	从佛法、道法思想中寻找管理智慧	**公司大了，怎么管** 金国华　著	成长型企业发展中的共性问题，通过案例实录解开
低效会议怎么改 王玉荣　葛新红　著	从梳理公司会议体系的层面改变低效会议的现状	**年初订计划年尾有结果** 郭晓　著	总结七步落地方案让战略计划切实落地实现
分股合心 段磊　周剑　著	围绕股权激励，详细介绍相关知识和实行方法	**员工心理学超级漫画版** 邢磊　著	以漫画形式对组织中个体心理的全面介绍和深入探讨
让投诉客户满意离开 孟广桥　著	投诉法律法规，应对各种投诉技巧等提升客诉能力	**管理就是定计划，抓落实** 张国祥　著	员工“看了就会、拿来就用”的计划制订操作指南
不读韩非子，怎么当老板 王春强　著	通过集中分析有关人性的内容，引导现代管理者更深理解人性是如何影响企业运行，以及管理者应如何因人性而实施管理	**重新想象组织** 彭剑锋　尚艳玲　著	华夏基石专家团著作，通过组织变革逐步进化，找到成长之道，让企业可持续发展

续表

书名	内容	书名	内容
战略管理有方法 和恒咨询　著	结合中国企业实践总结的一套独创性、实操性的战略方法，100＋工具轻松做战略		
二、管理思想			
管理学的奠基者 刘文瑞　著	近代以来的管理思想发展揭示管理思想的演化奥秘	**巴纳德组织理论研读** 郭威　著	深度研读巴纳德《经理人员的职能》，帮你理解和看懂
管理学在中国 刘文瑞　著	科学看待管理学流入中国，对继承发展进行深入的阐述	**德鲁克管理学** 张远凤　著	以德鲁克管理思想发展为线展示20世纪管理学的发展
德鲁克与他的论敌们 罗珉　著	德鲁克与马斯洛、戴明等诸多管理大师论战的故事	**德鲁克管理思想解读** 罗珉　著	全面解构德鲁克思想的精髓与实践价值
治论：中国古代管理思想 张再林　著	深入分析中国古代哲学基本精神的基础上，梳理分析了儒法墨三家的管理思想	**流程经理10年案例笔记** 王焕东　著	用自身工作和生活中的鲜活案例及思考后的心得呈现不一样的流程管理思想
		营销·销售	
一、企业销售			
大客户销售这样说这样做 陆和平　著	大客户销售活动的十大模块，68个典型销售场景	**向高层销售** 贺兵一　著	销售人员与客户高层打交道需要重点掌握的知识、技巧
资深大客户经理 叶敦明　著	将大客户经理必须具备的规划、策略、执行三种能力运用自如	**成为资深的销售经理** 陆和平　著	让销售经理成功把握销售管理的6个关键点，并提供工具
销售是个专业活 陆和平　著	据客户采购流程拆分销售过程十阶段，讲解方法技巧	**学话术　卖产品** 张小虎　著	手机、电动车、家电、食品等消费品的一线销售话术
工程项目大客户销售攻略 陆和平　著	三十八讲循序渐进，全方位透视工程大项目拿单的奥秘，通俗易懂，看了就能用	**大客户销售谈判：获得利润的最快途径** 陆和平　著	从不会谈判到成为谈判专家，帮助你在与大客户的谈判中轻松说服对方，实现从一次成交、成本价成交到高价成交、持续成交的转变
二、企业营销			
新营销组织力 迪智成　著	适应最新数字化外部环境，系统化协同组织能力建设	**营销按钮** 老苗　著	讲述存在于人性及各个营销环节中的“按钮”
精品营销战略 杜建君　著	“精品营销战略”核心逻辑与营销组合策略	**360°谈营销** 王清华　古怀亮　著	营销是立体的，从不同角度观察不同企业的营销精髓
互联网精准营销 蒋军　著	互联网时代整体策划、包装品牌和产品	**招招见销量的营销常识** 刘文新　著	做好基本的营销动作都可以提高销量、降低成本
用数字解放营销人 黄润霖　著	用数字说话覆盖营销工作的方方面面	**用营销计划锁定胜局** 黄润霖　著	让营销计划落地，营销人员只需解决两个问题：基数与概率

续表

书名	内容	书名	内容
我们的营销真案例 联纵智达研究院 著	五芳斋粽子、诺贝尔瓷砖、利豪家具、保健品、娃哈哈	中国营销战实录 联纵智达研究院 著	51个案例，46家企业，46万字，18年积淀
弱势品牌如何做营销 李政权 著	产品与物流通道、服务通道、促销互动通路，提供方法	解决方案营销实战案例 刘祖轲 著	十大工业品作者实操案例解码解决方案营销
升级你的营销组织 程绍珊 吴越舟 著	根据企业的实际情况建立有机性营销组织	变局下的营销模式升级 程绍珊 叶宁 著	十年大量案例归纳三种核心驱动要素、三种升级方向
老板如何管营销 史贤龙 著	十六个招式，理论与案例相结合，高段位营销方法	孙子兵法营销战 刘文新 著	理解《孙子兵法》原意的同时，还可体悟到营销之用
新营销2.0：从深度分销到立体连接 刘春雄 公方刚 牛恩坤 等著	立体连接打通三度空间，在互联网时代诞生快消品领域的超级巨头		
三、品牌			
中国品牌营销十三战法 朱玉童 著	深度演绎最符合企业品牌营销策划的十三套实战战法	中小企业如何打造区域强势品牌 吴之 著	从如何建立强势品牌的角度解析扩张难题
小众战略：小资源打造强势品牌 吴修利 著	从品牌观念、市场调研、竞争机会、内部调整等角度，对产品、渠道、传播等核心原则进行了系统梳理	把品牌建在顾客心里：4步实现品牌IP化 张学军 著	让品牌自带话题，自主传播
四、营销策划			
这样写文案，就没有卖不动的产品 秦剑 刘安丽 著	术、法、道三个层面由浅至深培养商业文案创作能力	洞察人性的营销战术 沈坤 著	介绍了28个匪夷所思的营销怪招，大部分可以直接运用
双剑破局：沈坤营销策划案例集 沈坤 著	双剑公司8年来的实操案例，每个项目诞生过程、策划角度和方法	社区团购就这么干：供应商•平台•团长•用户 陈海超 杨项刚 著	分享最新实践经验，一看就懂，照着就能做
企业案例			
鲁花：一粒花生撬动的粮油帝国 余盛 著	鲁花如何成长为优秀的带动农业产业发展的品牌，鲁花你一定学得会	金龙鱼背后的粮油帝国 余盛 著	以金龙鱼为脉的一部中国粮油行业的史诗
你不知道的加多宝 曲宗恺 牛玮娜 著	以时间为轴线，详细叙述了加多宝品牌的发展历程	静水流深 黄治国 著	作者在美的十五年对何享健内部讲话资料的整理
娃哈哈区域标杆 罗宏文 快车君 赵晓萌 寇尚伟 著	讲娃哈哈豫北市场如何成为娃哈哈全国第一大市场、全国增量第一的市场	借力咨询：德邦成长背后的秘密 官同良 王祥伍 著	德邦将自己积累的与咨询公司发展共赢的合作逻辑和盘托出
六个核桃凭什么从0过100亿 张学军 著	全视角深度解读养元企业的裂变成长，复盘十年蜕变轨迹	像六个核桃一样 王超 著	六个核桃为什么卖得这么好，产品畅销的6大要义36条简明法则

续表

书名	内容	书名	内容
中国首家未来超市 IBMG 集团　著	对乐城超市的掌门人及内部员工的采访详细阐释了乐城的经验	三四线城市超市如何快速成长：解密甘雨亭 IBMG 集团　著	甘雨亭的许多关键经营指标均高于行业标准，学习其成功的方法
集团化企业阿米巴实战案例 初勇钢　著	作者在某酒厂推行阿米巴经营模式的心得		
经销商			
新经销：新零售时代教你做大商 黄润霖　著	探访近100位经销商在传统营销手法上的创新，传统营销微创新和新营销本地化	商用车经销商运营实战 杜建君　王朝阳 章晓青　著	对商用车经销商的经营与管理、4S 店运营做了全方面的总结
跟行业老手学经销商开发与管理 黄润霖　著	从管理耐用消费品经销商角度提炼了48个代表性问题并给出解决办法	快消品经销商如何快速做大 黄润霖　著	经销商如何通过经营实现规模，通过管理实现规模效益
建材家居经销商实战42章经 王庆云　著	经营管理的心法和战法，帮助经销商成为"业务妙手"和"管理能手"	成为最赚钱的家具建材经销商 李治江　著	针对建材家居行业的经销商，从销售模式、产品、门店、市场等方面给出方法
白酒经销商的第一本书 唐江华　著	对经销商如何选择厂家、合作、运营品牌等问题给出建议	快消品招商的第一本书 刘雷　著	从招商理论到招商动作进行系列化分解，化繁为简
大商方法：榜样经销商与厂家的合作之道 唐道明　著	洞察厂商合作的核心，为经销商提供可行的方法，手把手教你做大商		
中小企业			
中小企业如何打造区域强势品牌 吴之　著	从如何建立强势品牌的角度解析扩张难题	用流程解放管理者 张国祥　著	8个板块构成，共66篇文章，14幅流程管理图
用流程解放管理者2 张国祥　著	对中小企业规范化流程管理进行系统的阐述	弱势品牌如何做营销 李政权　著	产品与物流通道、服务通道、促销互动通路提供方法
本土化人力资源管理8大思维 周剑　著	用最贴近中国中小企业现实管理情境的案例讲述周围人的"家事"	中小农业企业品牌战法 韩旭　著	农业企业需要全产业链视野，更需要品牌实战方法
门店管理			
门店销售冠军复制系统 王吉坤　著	门店型企业如何打造可复制的销售冠军系统	新零售动作分解与实操：建材·家居·家具 盛斌子　著	对泛家居行业趋势、店面管理、团队管理、促销推广、五感营销等提供策略
家具建材促销与引流 薛亮　李永锋　著	对泛家居营销执行模式和工具、关键环节等进行汇总	建材家居门店6力爆破 贾同领　著	产品力、导购力、形象力、推广力、服务力、组织力
家具行业操盘手 王献永　著	总结家具终端门店发展的现状及问题并给出策略	手把手教你做专业督导 熊亚柱　著	系统梳理督导的核心技能，岗位职责、工作流程及技能

续表

书名	内容	书名	内容
手把手帮建材家居导购业绩倍增 熊亚柱　著	针对建材家居门店的业务人员，用案例故事还原场景教你成为好导购	**10步成为最棒的建材家居门店店长** 徐伟泽　著	梳理店长管理的核心工作职责、店面管理规范，帮助销售人员成长
建材家居门店销量提升 贾同领　著	9个板块讲述建材门店一个单店如何做到经营的良性循环	**总部有多强大，门店就能走多远** IBMG集团　著	五大方向综合阐述连锁零售企业总部如何提升管理能力
赚不赚钱靠店长，从懂管理到会经营 孙彩军　著	注重专卖店的经营思路拓展、门店管理细节方面能力的提升	**新医改了，药店就要这样开** 尚锋　著	从药店定位的思考，内部和会员管理等方面探讨中小型药店发展方向
电商来了，实体药店如何突围 尚锋　著	新时代药店经营的三驾马车：药学专业服务、会员贴心服务和精准定向促销	**引爆药店成交率1：店员导购实战** 范月明　著	药店人的零售工作，怎样接待顾客，完善销售技巧
引爆药店成交率2：药店经营实战 范月明　著	从药店经营角度建立改善门店现状的实用标准	**引爆药店成交率：专业化销售解决方案** 范月明　著	从简单的拿药服务到提供多角度的专业解决方案
口腔门诊盈利倍增：精益口腔 杨伟霞　王吉坤　著	为口腔门诊定制业绩提升管理系统并落地实施		
互联网			
一、互联网转型			
画出公司的互联网进化路线图 李蓓　著	18个“可以……吗”的问题作为产品、客户和价值方面的指引牌	**7个转变，让公司3年胜出** 李蓓　著	企业估值、业务模式、营销、生产制造、客户服务、用户黏性、组织管理7个转变
重生战略移动互联网和大数据时代的转型法则 沈拓　著	四个重生战略对应四个法则，告知传统企业的转型重生之路	**创造增量市场：传统企业互联网转型之道** 刘红明　著	为读者提供了寻找这些互联网的切入点和接触点的具体方法，带来增量市场
互联网+变与不变 本土管理实践与创新论坛　著	61篇精华文章，聚焦传统行业如何互联网+时代转型	**今后这样做品牌** 蒋军　著	顶层设计、营销创新、产品战略、渠道变革、品牌策略
移动互联新玩法 史贤龙　著	立足现实，剖析新时代背景下的移动互联趋势与热点	**互联网时代的成本观** 程翔　著	多维组合成本的互联网精神和大数据特征及应用
正在发生的转型升级实践 本土管理实践与创新论坛　著	100多位本土管理专家当年对最新一年的思考和实践	**1000铁杆女粉丝** 张兵武　著	如何让普通女性成为忠实追随的铁杆粉丝，磁力点、情感结、甜蜜区、信任圈
混沌与秩序Ⅰ：变革时代企业领先之道 彭剑锋　施炜　苗兆光 王祥伍　孙波　夏惊鸣	新环境下企业面临变革应如何应对，企业家如何坚守并与企业共同成长	**混沌与秩序Ⅱ：变革时代管理新思维** 彭剑锋　施炜　苗兆光 王祥伍　孙波　夏惊鸣	对处于时代变革下的企业管理新机制、人力资源管理新思维，组织与人的新型关系，结合案例提出优化建议
消费升级：实践·研究 本土管理实践与创新论坛　著	从经营、管理、行业三个方面记录消费升级下的实践	**互联网精准营销** 蒋军　著	互联网时代整体策划、包装品牌和产品
智能推荐：让你的业务千人千面 刘国昊　周波　著	从资讯、电商、文娱行业来详细讲解智能推荐的应用，用户时间的争夺战	**制造业外贸营销网站建设** 宋金亮　著	介绍整个网站从无到有的实现过程，从分析思路、撰写内容到规划页面，列举了大量正反面实例，帮助读者理解和投入实践

续表

二、抖音、微信微商、电商			
书名	内容	书名	内容
抖音营销系统 刘大贺　著	抖音系统的实战营销知识，上百个从0做大的案例	**金牌微商团队长** 罗晓慧　著	微商团队长创业实操的指导工具书
微商生意经：真实再现33个成功案例操作全程 伏泓霖　罗晓慧　著	精心挑选的33个微商成功案例，阐述具体操作过程	**快速见效的企业微信营销方法** 孙巍　著	站在微信生态的立体高度系统讲述企业微信快营销方法论
阿里巴巴实战运营：14招玩转诚信通 聂志新　著	产品定位、阿里巴巴排名因素、数据分析、标题优化等	**阿里巴巴实战运营2：诚信通热卖技巧** 聂志新　著	打开诚信通运营的金钥匙，十大具体运营技巧
三、行业新营销			
餐饮新营销 杨勇　程绍珊　著	聚焦餐饮企业转型，系统的餐饮企业营销管理体系	**新零售进化路径** 李政权　著	预先复盘新零售及商业的未来，找到方向
珠宝黄金新营销 崔德乾　著	珠宝业新营销/新品牌/新产品/新零售/新连接/新场景/新服务/新传播/新管理	**新经销：新零售时代教你做大商** 黄润霖　著	探访近100位经销商在传统营销手法上的创新，传统营销微创新和新营销本地化
新零售动作分解与实操：建材·家居·家具 盛斌子　著	对泛家居行业趋势、店面管理、团队管理、促销推广、五感营销等提供策略	**新营销** 刘春雄　著	让品牌商和渠道商掌握获得独立流量的能力，能够与平台商博弈
快速见效的企业网络营销方法 B2B　大宗B2C 张进　著	数据和案例90%来自作者服务的中小企业，快速全面地学习企业网络营销方法	**移动互联下的超市升级** 联商网专栏　著	超市未来的发展趋势，对社区超市、生鲜、全渠道建设、O2O等提出观点
百货零售全渠道营销策略 陈继展　著	零售行业的竞争重点、行业本质、战略转型、未来趋势、经验和案例	**互联网时代的银行转型** 韩友诚　著	银行业在互联网金融变革浪潮中所做的积极应对和转型布局
触发需求：互联网新营销样本·水产 何足奇　著	通过鲜誉案例解读阐述水产行业如何进行互联网转型	**新农资如何弯道超车** 刘祖轲　著	从农业产业化、互联网转型、行业营销与经营突破四个方面阐述农资企业转型
新零售　新终端 迪智成　著	将新零售系统打法做梳理并落地在新终端建设上		
医药医疗			
一、药店			
新医改了，药店就要这样开 尚锋　著	从药店定位的思考、内部和会员管理等方面探讨中小型药店发展方向	**电商来了，实体药店如何突围** 尚锋　著	新时代药店经营的三驾马车：药学专业服务、会员贴心服务和精准定向促销
引爆药店成交率1：店员导购实战 范月明　著	药店人的零售工作，怎样接待顾客，完善销售技巧	**引爆药店成交率2：药店经营实战** 范月明　著	从药店经营角度建立改善门店现状的实用标准
引爆药店成交率：专业化销售解决方案 范月明　著	从简单的拿药服务到提供多角度的专业解决方案	**连锁药店新风口：资本　智能　大数据** 动脉网　著	对我国连锁药店的市场环境、行业现状等进行分析，给出对连锁药店未来发展趋势的预判

续表

二、药品销售			
书名	内容	书名	内容
医药第三终端：从控销到动销　诊所　基层医疗 王祥君　张芳文　著	用大量案例来梳理药企落地动销的策略、方法和技战术	**医药营销：诊所开发维护与动销** 张江民　著	从六个方面系统阐述基层诊所市场营销攻略
处方药合规推广实战宝典 赵佳震　著	对处方药推广体系搭建、推广人员岗位内容等六个方面进行阐述	**医药代理商经营全指导** 戴文杰　著	从产品选择、价格体系设计、路径管理等维度描述代理商产品操作的基本策略
处方药零售这样做 田军　著	处方药零售的重要性及做市场的具体措施和方法	**OTC 医药代表药店开发与维护** 鄢圣安　著	一位从初级 OTC 医药销售代表成长起来的销售经理的经验分享
OTC 医药代表药店销售 36 计 鄢圣安　著	以《三十六计》为线，阐述 OTC 医药代表向药店销售的技巧与策略	**做医生信赖的医药代表** 邹晓徽　宁剑锋 朱文虎　著	医药代表如何在合规要求下做好药品推广工作的操作工具书
三、药企转型			
药企战略·运营与医药产业重构 杜臣　著	医药产业的深度认知与发展趋势结合，战略思考与经营操作相统一	**医药行业大洗牌与药企创新** 林延君　沈斌　著	围绕创新介绍医药行业，介绍近百家医药企业创新实践案例
医药新营销 史立臣　著	从药企最关心的八个方面阐述制药企业、医药商业企业营销模式转型	**医药企业转型升级战略** 史立臣　著	从商业模式转型、管理转型、定位转型、运营模式转型和跨界转型五方面阐述转型
新医改下的医药营销与团队管理 史立臣　著	立足新医改相关政策的解读，为中小医药企业出谋划策	**在中国，医药营销这样做** 段继东　著	时代方略在医药营销领域思想、方法文章的精选合集
四、新医疗			
成为医疗器械领军者 王强　著	中小医疗器械生产企业和代理商怎样转型	**新型诊所经营与创新** 动脉网　著	对新型诊所从标准化管理、经营方式、团队建设、连锁模式四个方面进行解读
医美新风口：颜值经济下的亿万市场 动脉网　著	详细介绍中国医疗美容行业的发展趋势、现状及医美产业链等	**互联网医院：正在发生的医疗新变革** 动脉网　著	介绍互联网医院的建设与运营、管理，发展模式和市场布局，以及发展规律
快消品			
一、快消案例			
中国快消品营销这些年 史贤龙　著	一本书浓缩快消品营销 15 年的实战历程与前沿思考	**这样打造大单品** 迪智成　著	通过 13 个大案例帮助企业梳理打造大单品的路径
你不知道的加多宝 曲宗恺　牛玮娜　著	以时间为轴线，详细叙述了加多宝品牌的发展历程	**娃哈哈区域标杆** 罗宏文　快车君　赵晓萌 寇尚伟　著	娃哈哈豫北市场如何成为娃哈哈全国第一大市场、全国增量第一的市场
六个核桃凭什么从 0 过 100 亿 张学军　著	全视角深度解读养元企业的裂变成长，复盘十年蜕变轨迹	**像六个核桃一样** 王超　著	六个核桃为什么卖得这么好，产品畅销的 6 大要义 36 条简明法则

续表

书名	内容	书名	内容
5 小时读懂快消品营销 陈海超 著	20 年快消品市场风云洞察解码，丰富的案例解析		
二、快消品区域经理			
快消品营销团队管理 刘雷 伯建新 著	快消品团队管理相关的 20 余个工具 +20 余个案例	**这样打造快消品区域标杆** 罗宏文 牛玉龙 著	分两篇解决如何成功打造标杆市场和进行持续增量管理两大问题
成为优秀的快消品区域经理（升级版） 伯建新 著	作为区域经理的“速成催化器”，升级版增加 11 篇内容	**快消老手都在这样做：区域经理操盘锦囊** 方刚 著	一线成长起来的资深快消品营销人“压箱底”绝活
快消品营销人的第一本书 刘雷 伯建新 著	针对一线厂家业务员工作中常遇到的问题给予建议	**销售轨迹：一位快消品营销总监的拼搏之路** 秦国伟 著	一个普通营销人的故事，16 年背井离乡的职场拼搏之路
快消品营销：一位销售经理的工作心得 2 蒋军 著	从市场操作、团队管理、传播推广、营销的具体策略和战略等方面提供方法		
三、快消品动销			
动销：产品是如何畅销起来的 余晓雷 著	从怎么被消费者买走和竞争对手是谁这两个原点解决动销问题	**动销操盘：节奏掌控与社群时代新战法** 朱志明 著	用七个章节阐述关于动销操盘的要诀，节点、节奏、主次、条件匹配性等问题
动销四维：全程辅导与新品上市 高继中 著	从产品、渠道、促销和新品上市四个方面详细讲解提高动销的具体方法		
四、快消品渠道			
深度分销 施炜 著	渠道价值链、模式选择、渠道策略与管理、零售经销商管理、最佳实践、团队建设	**通路精耕操作全解** 周俊 陈小龙 著	对康师傅的制胜法宝通路精耕进行系统的介绍与说明，图表和完善入微的操作方法
酒水饮料快消品餐饮渠道营销手册 朱伟杰 著	对餐饮渠道深入挖掘，建立适合餐饮渠道发展的服务模式和组织保障措施	**快消品经销商如何快速做大** 杨永华 著	经销商如何通过经营实现规模，通过管理实现规模效益
快消品营销与渠道管理 谭长春 著	解决日常涉及的渠道管理、市场、产品等营销事务	**快消品招商的第一本书** 刘雷 著	从招商理论到招商动作进行系列化分解，化繁为简
采纳方法：化解渠道冲突 朱玉童 著	21 个最新的渠道冲突案例立体地介绍渠道冲突的现象和方法		
五、快消品企业战略			
重构：快消品企业重生之道 杨永华 著	从战略、品牌、市场、产品、营销、系统、管理 7 个方面进行重构	**变局下的快消品实战策略** 杨永华 著	从 5 个角度针对快消品企业如何应对行业变局给出答案
新营销 刘春雄 著	让品牌商和渠道商掌握获得独立流量的能力，能够与平台商博弈	**采纳方法：破解本土营销 8 大难题** 朱玉童 著	破解困扰营销人的八大难题，给出解决方法
白酒营销培训宝典：复制高业绩 刘孝鞅 著	总结白酒营销人员系统运作市场的要点，转化为易学可复制的动作和工具表单	**酒水饮料快消品餐饮渠道营销手册** 朱伟杰 著	对餐饮渠道深入挖掘，建立适合餐饮渠道发展的服务模式和组织保障措施

续表

白酒			
书名	内容	书名	内容
白酒营销的第一本书 唐江华　著	多角度阐释白酒一线市场操作的最新模式和方法	白酒经销商的第一本书 唐江华　著	对经销商如何选择厂家、合作、运营品牌等问题给出建议
白酒到底如何卖 赵海永　著	多角度阐释白酒一线市场操作的最新模式和方法	白酒到底如何卖2：从市场培育到动销 赵海永　著	系统化、标准化、模式化的促成动销的实战操作方式和方法
变局下的白酒企业重构 杨永华　著	白酒企业重构期的营销战略与实操策略6大方法	酒业转型大时代 微酒　著	酒水营销、新闻资讯及行业分析、预测的知识宝典
区域型白酒企业营销必胜法则 朱志明　著	以36条法则从战略、营销、推广、产品线、品牌、市场、战术等方面提供方法	10步成功运作白酒区域市场 朱志明　著	从市场攻守、产品攻略、新品上市、占领渠道、促销等十个层面阐述
白酒营销1：中小酒企操盘与崛起 徐伟　徐涛　著	深入分析品牌与行业、操作方法，提供营销实操宝典	白酒营销2：品类创新策略升级 黑格咨询　著	立足行业现状，建立品类创新、营销模式创新路径，提供市场建设方法、营销策略与工具案例
茶·调味品·油·乳业			
营销中国茶：2小时读懂茶叶营销 史贤龙　著	中国茶营销的“困局”“破局”和“创举”	中国茶叶营销第一书 柏獒　著	纵览中国茶叶市场的全局，并且有针对性地提出问题并阐述解决方法
调味品营销第一书 陈小龙　著	15年监控中国市场50个中外著名调味品品牌市场运作、管理等的经验总结	调味品企业八大必胜法则 张戟　著	提炼了调味品企业八大规律性的关键成功要素
食用油营销的第一本书 余盛　著	从小包装油行业概述到产品的基本知识，从基本执行动作到品牌整体策划等	鲁花：一粒花生撬动的粮油帝国 余盛　著	鲁花如何成长为优秀的带动农业产业发展的品牌
金龙鱼背后的粮油帝国 余盛　著	以金龙鱼为脉的一部中国粮油行业的史诗	乳业营销的第一本书 侯军伟　著	区域型乳品企业如何才能稳健发展
调味品经销商公司化运营 张戟　著	调味品和快消品经销商如何从“个体户”到“公司化”，一步步推进的具体方法		
工业品			
一、工业品销售			
大客户销售这样说这样做 陆和平　著	大客户销售活动的十大模块，68个典型销售场景	销售是个专业活 陆和平　著	据客户采购流程拆分销售过程十阶段、讲解方法技巧
成为资深的销售经理：B2B工业品 陆和平　著	让销售经理成功把握销售管理6个关键点，并提供工具	一切为了订单：订单驱动下的工业品营销实践 唐道明　著	以订单流程的三个环节为主线讲述工业品营销管理新思路
订单是这样拿到的 郑文洲　著	作者近10年销售生涯的回顾，真实销售故事和成功经验分享		
二、工业品营销			
工业品营销管理实务（第4版） 李洪道　著	是信任导向工业品营销体系的深化版、工业品营销管理体系优化咨询的升级版	工业品企业如何做品牌 张东利　著	为当下中国制造的品牌化转型提供经过实践证明的理念、方法和体系

续表

书名	内容	书名	内容
工业品市场部实战全指导 杜忠　著	解决职能不清、市场部五大职能如何运作、职业发展路径等具体问题	**解决方案营销实战案例** 刘祖轲　著	十大工业品作者实操案例解码解决方案营销
资深大客户经理：策略准　执行狠 叶敦明　著	将大客户经理必须具备的规划、策略、执行三种能力运用自如		
三、工业品企业			
变局下的工业品企业7大机遇 叶敦明　著	探索工业品企业成长的新机会，7大战略与战术性机会	**两化融合管理体系贯标流程与方法** 戴勇　著	融合五十多家企业在两化融合贯标过程的经验，总结重点与举措
丁兴良讲工业4.0 丁兴良　著	多角度阐述中国在工业4.0的机遇和挑战		
建材家居			
一、建材家居门店			
家居建材促销与引流 薛亮　李永锋　著	对泛家居营销执行模式和工具、关键环节等进行汇总	**新零售动作分解与实操：建材·家居·家具** 盛斌子　著	对泛家居行业趋势、店面管理、团队管理、促销推广、五感营销等提供策略
家具行业操盘手 王献永　著	总结家具终端门店发展的现状及问题并给出策略	**手把手教你做专业督导** 熊亚柱　著	系统梳理督导的核心技能、岗位职责、工作流程及技能
手把手帮建材家居导购业绩倍增 熊亚柱　著	针对建材家居门店的业务人员、案例故事还原场景，教你成为好导购	**10步成为最棒的建材家居门店店长** 徐伟泽　著	梳理店长管理的核心工作职责、店面管理规范和帮助销售人员成长
建材家居门店销量提升 贾同领　著	9个板块讲述建材一个单店如何做到经营的良性循环	**建材家居门店6力爆破** 贾同领　著	产品力、导购力、形象力、推广力、服务力、组织力
二、建材家居经销商			
新经销：新零售时代教你做大商 黄润霖　著	探访近100位经销商在传统营销手法上的创新，传统营销微创新和新营销本地化	**建材家居经销商42章经** 王庆云　著	经营管理的心法和战法，帮助经销商成为“业务妙手”和“管理能手”
成为最赚钱的家具建材经销商 李治江　著	针对建材家居行业的经销商，从销售模式、产品、门店、市场等方面给出方法		
三、建材家居企业			
定制家居黄金十年 韩锋　翁长华　著	对中国定制家居行业20年发展历程进行深度、系统、专业的解读	**建材家居营销：除了促销还能做什么** 孙嘉晖　著	探索家居建材行业营销的革命，发现行业“营销天花板”的突破口
建材家居营销实务：新环境、新战法 程绍珊　杨鸿贵　著	针对建材家居市场特点提出以客户价值为基础的整体营销价值链	**全屋整装　高利润运营手册** 翁长华　陈平　著	十大维度解决实际问题，是0到1极具操作性的整装指南
零售·餐饮·服装·影院·美容院			
新零售进化路径 李政权　著	预先复盘新零售及商业的未来，找到方向	**新零售　新终端** 迪智成　著	梳理新零售系统打法并落地在新终端建设上

续表

书名	内容	书名	内容
移动互联下的超市升级 联商网　著	超市未来的发展趋势，对社区超市、生鲜、全渠道建设、O2O等提出观点	百货零售全渠道营销策略 陈继展　著	零售行业的竞争重点、行业本质、战略转型、未来趋势、经验和案例
超市卖场定价策略与品类管理 IBMG集团　著	零售企业的市场拓展与商品定位、商品结构与商品陈列、毛利分析与库存分析	连锁零售企业招聘与培训破解之道 IBMG集团　著	围绕零售企业组织架构、培训体系建设等内容进行探讨
总部有多强大，门店就能走多元 IBMG集团　著	五大方向综合阐述连锁零售企业总部如何提升管理能力	三四线城市超市如何快速成长：解密甘雨亭 IBMG集团　著	甘雨亭的许多关键经营指标均高于行业标准，学习其成功的方法
中国首家未来超市：解密安徽乐城 IBMG集团　著	对乐城超市的掌门人及内部员工的采访详细阐释了乐城的经验	零售：把客流变成购买力 丁昀　著	通过大量的实际案例对中国零售业态的升级转型之路提出思考
餐饮新营销 杨勇　程绍珊　著	聚焦餐饮企业转型，系统的餐饮企业营销管理体系	电影院的下一个黄金十年 李保煜　著	介绍了中国电影产业的运作模式及电影院的开发、设计思路
餐饮企业经营策略第一书 吴坚　著	阐述餐饮企业产品之道、市场之道、顾客之道及盈利之道	赚不赚钱靠店长，从懂管理到会经营 孙彩军　著	注重专卖店的经营思路拓展，门店管理细节方面能力提升
时装买手自学通 范敏娜　编著	从流行趋势调研、商品企划、采购渠道、数据管理到店铺销售等时装买手需要具备的能力与操盘技巧	美容院/养生馆高盈利经营模式 陈鹏飞　著	5步实现店铺高盈利方法与策略
农牧业			
一、农资			
饲料营销有方法 陈石平　著	饲料营销的7大核心命题	农资营销实战全指导 张博　著	在农资市场行之有效的营销策略和工具
新农资如何弯道超车 刘祖轲　著	农业产业化、互联网转型、行业营销与经营突破		
二、农牧企业			
中国牧场管理实战 黄剑黎　著	对牧场管理标准、管理制度、操作规程做出剖析和指引	中小农业企业品牌战法 韩旭　著	农业企业需要全产业链视野，更需要品牌实战方法
变局下的农牧企业9大成长策略 彭志雄　著	为农牧企业量身打造了9个立足现在、展望未来的成长策略	农产品营销实战第一书 胡浪球　著	针对33个农产品营销的核心问题提供具体招数
农产品全网营销 吴之　著	帮助全国农业合作社、家庭农场打造农产品品牌		
地产·汽车			
一、地产			
中国城市群房地产投资策略 吕俊博　刘宏　著	挖掘主要城市群的现状特征、发展因子、演化趋势、竞争关系等，给出分析建议	产业园区/产业地产：规划、招商、实战运营 阎立忠　著	从认知、规划、招商、运营四方面系统解读产业园区的建设精要和运营技巧
人文商业地产策划 戴欣明　著	“全球化视野（创意）”+“人文+”思维	产业园区/产业地产2：系统化经营与操盘攻略 阎立忠　著	全方位系统解析产业园区运营策略

续表

二、汽车			
书名	内容	书名	内容
商用车经销商运营实战 杜建君　著	对商用车经销商的经营与管理、4S店运营做了全方面的系统总结	**汽车配件这样卖** 俞士耀　著	适合轮胎、机油、维修、快保、美容、洗车等汽车服务业态销售实操办法
润滑油销售：这样说，这样做更有效 张金荣　著	总结润滑油销售面对三大客户常遇到的200余个营销问题解决方法	**润滑油品牌营销** 张金荣　著	没有说教，只有方法，适合小微企业、代工品牌、经销商、营销人阅读
投资理财·收购资本			
交易心理分析 马克·道格拉斯 【美】　著	一语道破赢家的思考方式，并提供了具体的训练方法	**财报背后的投资机会** 蒋豹　著	零基础轻松掌握财务报表的相关知识，快速入门
写给企业家的公司与家庭财务规划 周荣辉　著	以企业的发展周期为主线，介绍各阶段企业与企业主家庭的财务规划	**分股合心** 段磊　周剑　著	围绕股权激励，详细介绍相关知识和实行方法
成功并购300问 浩德并购军师联盟　著	系统学习资本运作和企业并购知识的金融工具书	**并购名著阅读指南** 叶兴平　著	从全球5000多本并购图书中精选200本并进行评价
避开股权合伙这些坑 苏雯静　著	根据创始合伙人、外部合伙人、内部合伙人等方面的实际案例做归纳和梳理	**产业并购操盘手** 张军杰　著	15个案例，11个范本，38个图表，拿来即用
科创板IPO上市全流程指导 丁先云　刘海旭　著	不仅有各项制度的深入剖析，更有各种问题和解决方案的详细论述，配合案例，轻松操作		
阿米巴			
阿米巴经营的中国模式 李志华　著	基于阿米巴经典理念提出了适合中国本土的员工自主经营的“1532”模型	**集团化企业阿米巴实战案例** 初勇钢　著	作者在某酒厂推行阿米巴经营模式的心得
中国式阿米巴落地实践之激活组织 胡八一　著	划分原则、裂变与整合、组织管控、重新定位、巴长竞聘和组阁	**中国式阿米巴落地实践之从交付到交易** 胡八一　著	从6个方面阐述经营会计，从交付到交易是成功实施阿米巴的标志
中国式阿米巴落地实践之持续盈利 胡八一　著	企业做成平台、平台做成阿米巴、阿米巴做成合伙制		
人力资源管理			
一、绩效·薪酬			
回归本源看绩效 孙波　著	从目的和概念帮助企业梳理绩效管理与经营的关系	**走出薪酬管理误区** 全怀周　著	从7个常见的薪酬误区入手为企业提供一套系统解决方法
曹子祥教你做绩效管理 曹子祥　著	作者核心授课课程的还原，掌握绩效管理的核心内容	**曹子祥教你做激励性薪酬设计** 曹子祥　著	作者28年咨询经验总结，如何进行科学的薪酬体系设计
把招聘做到极致 远鸣　著	资深招聘经理多年工作心得的提炼	**把招聘做到极致2：灰度招聘全攻略** 黄渊明　李佳倩　著	从实战需求出发，兼容并包各种优秀的招聘理论、方法、经验与工具，并进行创新性的应用

续表

二、招聘·面试·培训			
书名	内容	书名	内容
把面试做到极致 孟广桥　著	一套实用的确定岗位招聘标准，提升面试官技能方法	世界500强资深培训经理人教你做培训管理 陈锐　著	构建培训体系、培训组织、培训文化、开发培训资源，教你做培训管理
人才评价中心漫画版 邢雷　著	用漫画形式写成的人才测评专业书籍		
三、HR高管·劳动法			
经营型HRD 黄渊明　著	总结企业HRD如何支撑企业经营，抓好七件关键事情	人才供应链：实现高绩效均衡的人才管理模式 许锋　著	打造人才供应链的四大支柱、十项修炼的完整体系
新任HR高管如何从0到1 新海　著	到互联网创业型企业担任HRVP，从0到1建立较完善的HR体系	人力资源体系与e-HR信息化建设 刘书生　陈莹　王美佳　著	6大框架、28个关注点、5大目标、6大优势、166个交付物咨询体系和盘托出
集团化人力资源管理实践 李小勇　著	针对集团型企业人力资源管理的问题提出科学建议	我的人力资源管理笔记 张伟　著	第三方咨询视角跳出“技术方法”看人力资源管理
人力资源的5分钟劳动法 李皓楠　著	入职管理、在职管理、离职管理中遇到的劳动法问题及应对	海外人力资源管理：帮企业成功“走出去” 黄渊明　著	弥补了中国企业海外人力资源管理实践体系建设的空白，具有开创性意义
四、HRBP			
HRBP是这样炼成的之菜鸟起飞 黄渊明　著	作者在初步转型HRBP两年时间里摸索实践的亲身经历与总结	HRBP是这样炼成的之中级修炼 黄渊明　著	结合作者亲身从事HRBP的工作经历，总结HRBP的作战故事
HRBP高级修炼 黄渊明　著	故事方式，HRD角度深度呈现运用HRBP的思维、方法		
企业文化			
企业文化落地本土实践 王祥伍　著	华夏基石“知信行”模型描绘企业文化落地路线图	企业文化的逻辑 王祥伍　著	从文化起源深刻剖析文化、效率、企业、企业文化联系
企业文化定位·落地一本通 王明胤　著	企业文化理念传播和落地聚焦的17种方法，解读了近100个实战案例	36个拿来就用的企业文化建设工具 海融心胜　著	汇集整理了36个通用的企业文化实践工具
企业文化激活沟通 宋杼宸　安琪　著	系统阐述沟通与企业文化的关系，给予企业提升沟通效能的企业文化解决方案	企业文化建设超级漫画版 邢雷　著	用漫画形式写成的企业文化建设专业书籍，理论体系和29个具体的操作方法
在组织中绽放自我 朱仁建　著	个人与组织之间的关系，文化对组织化形成的影响		
流程管理			
营销·研发·供应链业务架构与流程管理 谭勋晖　著	营销、研发、供应链三大业务流程变革实践经验总结	打造集成供应链 王春强　著	第一用力在“集成”上，梳理内外部相关模块及其依赖关系
人人都要懂流程 金国华　余雅丽　著	50幅流程管理漫画，内部对流程价值理念的高度共识	用流程解放管理者 张国祥　著	8个板块构成，共66篇文章，14幅流程管理图
用流程解放管理者2 张国祥　著	对中小企业规范化流程管理进行系统的阐述	跟我们学建流程体系 陈立云　罗均丽　著	在《跟我们做流程管理》的基础上丰富了标杆实践案例

续表

质量管理			
书名	内容	书名	内容
16949质量管理体系落地与全套文件汇编 谭洪华　著	对IATF16949每个条款讲解采用理解、作用、落地、模板、成功案例模块解析	**ISO9001：2015制造业文件模板全集** 贺红喜　著	五篇内容组成的完整的质量管理体系工具文件
精益质量管理实战工具 贺小林　著	四个方面对精益质量管理进行了全方位介绍和解读，并提供大量的方法工具	**五大质量工具详解及运用案例** 谭洪华　著	APQP、FMEA、MSA、SPC、PPAP五大质量工具的具体运用
IATF16949质量管理体系详解与案例文件汇编 谭洪华　著	针对IATF16949的标准原文做详细解说，同时提供大量的表单案例	**SA8000：2014社会责任体系认证实战** 吕林　著	将SA8000多版本及10多年的体系实战经验汇编成书
ISO9001：2015新版质量管理体系解读与案例文件汇编 谭洪华　著	对ISO9001：2015新版标准理解和运用操作进行详细解读	**ISO14001：2015新版环境管理体系解读与案例文件汇编** 谭洪华　著	ISO14001：2015改版后的差别和操作运用进行详细讲解
我在世界500强做供应商质量管理 宋华　著	分享汽车行业成熟的供应商质量管理体系和方法，都是作者的亲身经历	**ISO45001职业健康安全管理体系落地+全套案例文件** 谭洪华　著	每个条款清晰讲解，内容完全落地，轻松运用
五大质量工具之FMEA（2019第五版）详解及运用落地 谭洪华　著	对2019年6月修订的第五版FMEA标准进行详解，提供落地操作方法和全部案例文件，可直接套用		
精益生产			
一、精益·JIT·IE			
精益思维：超越对手的力量 刘承元　著	以尊重人性的精益思想为切入点，分别从管理者的精益理念、精益思维、精益实践、精益中国制造等方面进行独到的分析	**比日本工厂更高效** 刘承元　著	管理提升无极限+超强经营力+精益改善里的成功实践
计划与物流精益改善之道 于晓光　著	围绕“计划与物流战略咨询的方法论”进行解析，提供方法论和案例	**300张现场图看懂精益5S** 乐涛　著	通过日本丰田、上市企业案例，用300张现场图系统讲解5S管理
3A顾问精益实践1：IE与效率提升 党新民　苏迎斌 蓝旭日　著	系统、全面地介绍IE工厂管理技术，提高效率创造价值	**3A顾问精益实践2：JIT与精益改善** 肖智军　党新民　著	系统、全面地介绍JIT生产方式，并加入实践案例
高员工流失率下的精益生产 余伟辉　著	从三方面论述推行精益管理时如何应对员工流失	**让员工爱上6S管理** 肖智军　著	提供了众多企业的原版资料、案例，还汇集了一些企业骨干的推行感想、感悟及反思
200张图表学精益管理：IE工厂效率提升方法 刘秀堂　著	IE工程师视角，全是一线经验。精益落地的实操方法，大量图表工具让你上手就能做		
二、生产管理			
化工企业工艺安全管理实操 黄娜　著	围绕化工工艺安全14要素来展开分析	**手把手教你做专业生产经理** 黄娜　著	生产经理如何在信息流、物流、资金流三大流中开展工作

续表

书名	内容	书名	内容
欧博心法：好工厂　靠管理 曾伟　著	从管人篇和管事篇帮助读者解决人难管、事难控	**欧博工厂案例1：生产计划管控对话录** 曾伟　曾子豪　著	工厂管理生产计划管控模块的8个全景细节大案例
欧博工厂案例2：品质技术改善对话录 曾伟　曾子豪　著	工厂管理品质、技术、效率管理模块的10个全景细节大案例	**欧博工厂案例3：员工执行力提升对话录** 曾伟　曾子豪　著	工厂管理人员管控模块的5个全景细节大案例
工厂管理实战工具 曾伟　著	中国传统文化指导下的工厂管理工具	**制造业成本倍减42法** 王天江　著	42种经过实际验证有效的成本降低方法，用61个真实案例说明
制造企业上10亿其实并不难 杨小林　著	年产值1亿～10亿元中小制造企业在工厂经营和管理上的业务指导		
三、班组长			
全能型班组：城市能源互联网与电力班组升级 国网天津电力公司　著	从互联网时期的班组转型升级出发，对新型班组组织模式和运行机制进行设想	**国网天津电力全能型班组建设实务** 国网天津电力公司　著	聚焦天津电力公司在探索全能型班组转型升级时的优秀实践
车间人员管理那些事儿 岑立聪　著	从小事入手把基层车间管理者头疼的事务打包解决		
咨询·培训师			
培训师事业长青之道 廖信琳　著	培训师自我管理的“洋葱模型”、十项内容与五个层级	**管理咨询师的第一本书** 熊亚柱　著	深度剖析初级入行咨询师在工作中遇到的问题
资深管理咨询顾问工作心得 张国祥　著	使用手册讲述咨询师如何操作项目、老板如何选择咨询师、企业如何自主落地	**手把手教你做顶尖企业内训师** 熊亚柱　著	从开、控、收、编、制、用的角度去履行培训师的职责
TTT培训师精进三部曲上 廖信林　著	手把手教你“深度改善现场培训效果”的一招一式	**TTT培训师精进三部曲中** 廖信林　著	建构一整套培训课程设计与开发的认知架构和方法体系
TTT培训师精进三部曲下 廖信林　著	通过“沉淀职业功力的六度模型”，帮助培训师在职业技能上持续精进		
产品·研发			
研发体系改进之道 靖爽　陈年根 马鸣明　著	取材数十家企业研发改进的咨询实践，提炼一套实操的改进步骤与工具	**新产品开发管理，就用IPD（升级版）** 郭富才　著	把产品经营的思想凝结在新产品开发管理机制中，升级版更丰富
产品开发管理：方法·流程·工具 任彭枞　著	结合超过300家企业的实际研发管理方法，总结问题和方法，大量表格	**资深项目经理这样做新产品开发管理** 秦海林　著	采用过程管理方法，对新产品开发的四大过程进行分析，主要针对小电器产品
产品炼金术Ⅰ：如何打造畅销产品 史贤龙　著	打造畅销产品的四个方法	**产品炼金术Ⅱ：如何用产品驱动企业成长** 史贤龙　著	从经营者视角重新认识产品，快速诊断产品现状
快消品产品开发方法：打造快消爆品 张荣举　著	提供整套实战性的思维、方法、技能和工具，直接带有表格及公式，一看就能上手		